INSTANTANÉS D'EXTRÊME-ASIE

DU MÊME AUTEUR

Paysages japonais. . . . . (épuisé)

HENRI MYLÈS

INSTANTANÉS
D'EXTRÊME-ASIE

PARIS
BIBLIOTHÈQUE INTERNATIONALE D'ÉDITION
E. SANSOT & Cie,
9, RUE DE L'ÉPERON, 9

MCMXIII

IL A ÉTÉ TIRÉ DE CET OUVRAGE :
TROIS EXEMPLAIRES SUR JAPON IMPÉRIAL
NUMÉROTÉS DE 1 A 3
ET DIX EXEMPLAIRES SUR HOLLANDE VAN GELDER ZONEN
NUMÉROTÉS DE 4 A 13

Droits de reproduction et de traduction réservés pour tous les pays y compris la Suède et la Norvège.

A

ALPHONSE SÉCHÉ

Très affectueusement
je dédie
Ces Instantanés d'Extrême-Asie.

H. M.

INSTANTANÉS D'EXTRÊME-ASIE

Ces instantanés ont été pris au hasard du voyage.

Ceylan, Singapour, Saïgon, le bas delta du Yang-tseu, et le moyen Japon (îles Kiou Sou, Sikok, Hondo), ont fourni les modèles. Ce sont des régions très diverses, les premières rayonnantes d'un été éternel, les autres, visitées par l'hiver. Elles ne forment que des taches minuscules sur un continent immense, dont elles ne sauraient même suggérer une idée d'ensemble : présentant aux yeux émerveillés des rizières, des montagnes vertes et des forêts, elles laissent à l'esprit le soin d'imaginer à son aise les déserts, les plateaux brûlants et les steppes glacées. L'Extrême-

Asie offre des contrastes plus tranchés que l'Europe Occidentale, par ses paysages, par les villes et les monuments, par l'aspect physique des races, par leurs qualités intellectuelles et morales. De Colombo à Yokohama, la mousson humide fait verdoyer les roches les plus dures et les plus abruptes, mais les paysages mêlent diversement l'immobilité de la plaine aux reliefs brusques des volcans. L'architecture oscille du chaume à la tuile, des murs de pisé aux cloisons de bois, des châssis de papier aux remparts cyclopéens, des ciselures de bibelots aux sculptures gigantesques. Il est impossible à des yeux exercés de confondre même à première vue un Japonais, un Annamite, un Coréen, un Chinois; alors que la nationalité d'un Allemand, d'un Anglais, d'un Russe ou d'un Italien ne se révèle très souvent à nous que par son langage. Enfin, bien qu'une même écriture leur permette de se comprendre, Coréens, Annamites, Chinois,

Japonais, ont des aptitudes et des tempéraments opposés.

Chez ces peuples dissemblables, le confucianisme a affermi un usage commun : le culte des morts, et une loi commune : la hiérarchie de la famille ; le bouddhisme a ajouté certaines conceptions morales et artistiques. Comme d'autres religions, le bouddhisme a servi à propager des idées, une culture, qui ne dérivaient pas de son essence même, et qu'il s'était pour ainsi dire juxtaposés : il a porté à travers la Corée jusqu'au Japon l'écriture et l'art chinois. Mais il n'a ni absorbé, ni effacé les divergences ; au contraire, il a fortement subi l'influence des communautés humaines qui l'avaient accueilli. Il a toléré la survivance de religions locales, comme le taoïsme en Chine, le shamanisme en Corée, le shintoïsme au Japon. S'il n'a pas renversé les idoles, il les a souvent assimilées, si bien qu'au Japon, shintoïsme et bouddhisme en étaient venus à possé-

1.

der non seulement les mêmes fidèles, mais aussi les mêmes temples, et presque les mêmes dieux. Né d'une violente réaction contre les castes indoues du brahmanisme, le bouddhisme égalitaire et niveleur n'a jamais entamé l'autorité des daïmio sur les samuraï. Tout en ayant ses papes : les grands Lama du Thibet, il n'a cherché ni à gouverner, ni à centraliser. Si, comme les fleuves puissants de l'Extrême-Asie, il a entraîné sur son passage bien des impuretés, bien des limons, d'ailleurs fertiles ; il conduit vers l'Océan d'une charité mystique, plus vaste que l'humanité, vers une philosophie divine.

Les paysages

Même sur les paysages, le bouddhisme a marqué son empreinte. C'est lui qui a répandu jusqu'au Japon l'arbrisseau de Dharma : le thé, vainqueur du sommeil grossier, favorable aux méditations des ascètes. Une curieuse légende raconte que Dharma, tenté de s'endormir, tandis que, l'esprit tendu, le corps immobile, il se préparait au Nirvanah, coupa, pour mieux veiller, ses paupières fléchissantes. Le lendemain, à côté de lui, un arbuste avait poussé : c'était le thé, que l'aide du ciel donnait à la fois comme récompense et comme stimulant à son courage. Egalement, le lotus rose, aux larges feuilles vert-tendre, a essaimé de temple bouddhiste en temple bouddhiste jusque sur les étangs mystiques de Tôkyô. Tandis que les chrétiens allongeaient vers le ciel les flèches des cathédrales, sculptaient sur la pierre des enfers et des paradis, les moines bouddhistes rendaient plus irrégulières et plus pittoresques les silhouettes des arbres, recomposaient et transformaient les paysages, et, groupant autour des autels les arbustes fleuris, figuraient en raccourci des horizons immenses. Dans la nature, ils retrouvaient une âme, et ils faisaient de la pensée avec les cèdres, avec les buissons, avec les chrysanthèmes. Les peintres, dédaigneux des masses compactes, des ombres portées, du clair-obscur, évoquaient les montagnes, les eaux, les pavillons et les personnages, comme un musicien, avec des notes, suggère l'amour, la frayeur, l'admiration, l'extase du divin. Tandis qu'en Europe Louis XIV, digne représentant d'un siècle de logique et de raison, choisissait une plaine nue pour y mieux discipliner les pierres, les arbres, les ondes et les gazons avec lesquels est faite l'ordonnance et la majesté géométrique de Versailles ; en Chine, K'ang-hi, un nom barbare à nos oreilles et qui n'évoque d'abord que l'énergie brutale d'un conquérant Mandchou, contemporain du roi-soleil, K'ang-hi faisait marquer autour du lac Si hou les points d'où l'on apercevait les dix paysages les plus admirables.

Les maisons et les temples

L'architecture est surtout remarquable par le souci qu'elle prend de s'harmoniser avec le cadre, avec le site ; d'orner et de compléter la nature. Comme la terre n'est vraiment elle-même que parée de son produit le plus sublime et le plus étrange : la race humaine ; ainsi un paysage ne saurait être parfait, s'il ne présente pas en ses détails quelque chose d'humain. Mais il ne faut pas que l'homme renverse les rôles, exagère artificiellement la place qu'il occupe, et saccage la beauté par le désordre et la disproportion. Sans doute la nature reprendra bien vite son niveau ; quelques siècles, c'est-à-dire quelques instants de l'existence terrestre auront suffi aux montagnes pour secouer leurs bigarrures hideuses, aux plaines pour faire fondre d'insolentes verrues, aux arbres pour dresser leur feuillage victorieux sur l'écroulement des bâtisses orgueilleuses et éphémères. Il faut que la note humaine reste harmonieuse et discrète, qu'elle ne rompe pas l'équilibre intime de la nature, que les prétentions de l'œuvre ne dépassent pas sa fragilité. L'architecture chinoise et japonaise a su se soumettre à cette loi, et c'est pourquoi, même les paysages habités, garnis de maisons, embellis par la grandeur des temples et par la sveltesse des pagodes, gardent encore quelque chose d'éternel. A Hang-tchéou, Kien-long, petit fils de l'empereur K'ang-hi, est ravi par la fine courbure des montagnes, par la grâce aimable et rêveuse du lac Si hou : il adosse aux collines des pavillons légers, qu'il entremêle de rochers et de jardins. A Nikko, les tombeaux des Shogun abritent leurs nuances délicates sous les cèdres gigantesques. Les temples japonais semblent rechercher les montagnes et les forêts ; les toits qui protègent l'autel, et que supportent des colonnades, ne sont que des détails harmonieusement fondus parmi la colonnade encore plus majestueuse des arbres, et parmi les nuances fleuries des buissons : c'est Kyomitzu, qui, debout près d'un ravin, domine les toits gris de Kyôto ; Hase no Kwannon, si pittoresque au-dessus de Kamakura et de la mer. Les pagodes chinoises : Pao chou et Leï-fong t'a à Hang-tchéou ; celle du Tigre à Sou-tchéou, sont placées avec la même grâce et découvrent d'aussi délicieux paysages. La frêle structure des maisons nippones prête un charme nouveau aux vallons, aux rizières et aux touffes de bambou. La maison chinoise est d'aspect plus solide, avec ses murs blancs, mais son toit s'incurve et se relève, comme, au milieu des steppes, la tente mongole. Les murailles moyennâgeuses paraissent d'autant plus redoutables à côté de ces demeures passagères. Le temple est à la fois l'habitation des bonzes et l'habitation du dieu. Parmi les jardins ou les cours s'échelonnent les appartements des prêtres, les chapelles secondaires, les cloches, et l'autel mystérieux et grillé, où brûle l'encens.

Le type humain

Si l'architecture tend à se fondre dans la nature, le type humain, malgré les différences de race, garde le même sourire invariable, la même sérénité presque végétale, et l'on sent que l'âme résignée a accepté, elle aussi, sa place modeste dans l'universelle harmonie. Moins qu'ailleurs elle se révolte contre l'injustice, contre la brutalité du milieu terrestre. Elle admet sans aigreur ce qu'elle ne peut éviter. L'individu ne s'insurge pas, sublime et ridicule, comme un grain de sable qui voudrait remonter le cours d'un fleuve. Et c'est pourquoi peut-être, devant cette expression immuable et uniforme des visages jaunes, un homme blanc oublie les divergences marquées, les caractéristiques évidentes, d'abord frappé par ce qu'ils ont tous de semblablement impassibles, de mystérieusement souriants, de divinisés. Lorsque le prince Ito vint à Harbine, pour essayer les premières notes d'un accord Japono-Russe, la police moscovite gardait soigneusement la gare. Sur le quai, n'étaient admis que des Russes ou des Japonais. Et pourtant, quel est ce personnage, qu'un costume Japonais recouvre ? Il s'avance, il fait feu, le prince Ito est blessé à mort. L'inconnu, que les policiers russes n'ont pas démasqué sous son accoutrement, est un Coréen, et certes, son facies n'aurait pas échappé à la vigilance d'un Japonais ou d'un Chinois. Mais, les Russes ont méconnu les stigmates infaillibles, atténués par l'expression invariable de tous les visages jaunes.

Le caractère des races

Et en effet, là-bas, toutes les volontés ont la même patience, la même endurance aux souffrances physiques, la même énergie à refouler au dedans, sans qu'aucun muscle du visage ne bouge, sans que le cristal de l'œil ne les reflète, les souffrances morales et les passions. Mais sous cette discipline identique, quelles divergences ! Voici le Chinois : agriculteur, négociant ou fonctionnaire ; le paysan, pacifique, calme et tenace, au teint brique foncée, aux membres robustes, toujours courbé sur les rizières qu'il engraisse de son propre fumier ; le commerçant, gras, au teint jaune-paille, d'aspect sordide, mais d'une insolente richesse, méprisant la rudesse du soldat, ne songeant qu'aux affaires et aux plaisirs, strictement fidèle à la parole donnée, et pour qui une promesse vaut une signature ; le mandarin affiné, blasé sur les fourberies de l'âme humaine, artiste, lettré, amateur de porcelaines nuancées et de calligraphie, de délicates peintures et d'harmonieuses broderies, souple avec ses supérieurs, impitoyable pour les criminels, mais parfois accessible aux cadeaux, et mettant vraiment à rendre la justice trop de tact et de diplomatie. Voici le Japonais d'autrefois, qui survit parmi les formes sociales nouvelles : le seigneur féodal, brave, intrépide, audacieux, ne connaissant qu'une morale du courage, qu'un code du point d'honneur et de la chevalerie, et sans grands scrupules par delà ; prêt à tout sacrifier pour sa patrie, mais dépensant volontiers l'argent de ses amis ; nature brutale et sauvage sous des dehors polis et raffinés, prompt à tuer et à se tuer, pourtant incapable de prononcer une injure, même une parole violente, cachant sous des dehors modestes un amour-propre excessif, possédant le sentiment de la famille, respectueux avant tout de la discipline, et ayant ajouté à la morale confucianiste un nouveau devoir : le dévouement à son maître et à son Empereur, jusqu'à en mourir. Contrastant avec ces types tranchés, colorés, les silhouettes plus grises, plus floues des Annamites, ces hommes-enfants, raffinés, presque féminins, des Coréens ; races faites pour servir, pour obéir à des conquérants : Chinois, puis Japonais au nord ; Chinois, puis Français en Indochine.

Les Européens

Sur le fond jaune des Asiatiques, quelques hommes blancs : prêtres intelligents et charitables, soldats braves et loyaux ; hétaïres* et mis-

---

(1) Les mots suivis d'un astérisque ainsi que les noms de villes et de personnages historiques sont commentés en fin du volume à l'index alphabétique.

sionnairesses venues parallèlement de la prude
Amérique; commerçants avides, commerçants
honnêtes. Parmi ces tout derniers, les notables
Français. C'est un Français qui fait fortune à
Yokohama, en y fabriquant des fromages genre
« Camember », que savourent les gourmets de
là-bas, enfin délivrés des Hollande et des Ches-
ter auxquels la traversée a paru trop lente. Ce
sont les Lyonnais de Chang-haï, spécialistes de
la soie, hors concours. Tous, ils font bonne
figure en face de leurs concurrents Anglais ou
Allemands. Malheureusement, ils sont moins
nombreux, et ils manquent de capitaux. Si les
Français quittaient de temps en temps les plaisirs de Paris ou les charmes de leur province,
pour courir le monde, ils puiseraient plus de
confiance en leurs forces. La neurasthénie est la
maladie des peuples vaincus. Il est temps de
nous secouer. Nous sommes peut-être la race la
plus intelligente de la terre ; avec de la volonté,

nous devrions diriger les autres peuples, tenir un haut rang dans toutes les entreprises industrielles et commerciales.

Chaumes, Juillet 1912.

I

5 mai 1910.

Sous la lumière diffuse, mais intense d'un ciel blanchâtre, devant la mer d'azur clair, semée de pirogues à balanciers, une côte basse où Colombo s'étend parmi les verdures.

De grandes boutiques rouges, à arcades; un temple indou, sculpté comme une pâtisserie; des palais entourés de jardins; une ville indigène grouillante, noire de mouches, avec les fruits et les denrées tropicales étalés aux éventaires des paillotes basses.

La route de Lavinia, rougeâtre entre les arbres droits, parfumée de buissons en fleurs. Sous les banians monstrueux, les paillotes d'où s'échappent des senteurs de buffles. L'ombre des bananiers et des cocotiers, l'éclat rouge des flamboyants* abritent les villas élégantes. Faisant mentir la fable du gland et de la citrouille, des fruits énormes s'accrochent au tronc des jacquiers *. Les feuilles sombres des manguiers découvrent de place en place le bleu de la mer.

Les attelages de buffles bossus, aux poitrails pendants ; les enfants qui mendient ; les figures fines des femmes et des hommes ; et partout la nudité des torses couleur de bronze.

Monte Lavinia : butte de sable dominant la baie. Sur l'onde d'un vert clair, l'agonie rutilante du soleil ; les tons dorés des lourds nuages. L'atmosphère devient d'un bleu lilas ; la nuit tombe rapide, tandis que là-bas, sur la pointe, au delà des flots noirs, Colombo allume ses lumières.

L'obscurité complète ; l'air lourd. Quelques gouttes d'orage sur les feuillages endormis. L'humidité chaude du climat équatorial avec les grisantes senteurs des arbres et des plantes. Le ciel est d'un bleu presque noir, et la brume absorbe les étoiles.

6 mai.

... « Pierrot, as-tu fini ? Pierrot, ici ! » Ces mots prononcés d'une voix forte m'arrachent au sommeil. Une lumière éblouissante entre par le sabord. Ma cabine s'emplit d'une buée bouillante.

Sur le pont, souffle une brise légère. Les enfants se disputent, excités par la chaleur. Victimes du roulis, les dames languissent en leurs chaises longues.

La mer ondule, violette, sous le ciel très pâle. Les côtes de Ceylan s'effacent. Ainsi s'évanouirent tour à tour Messine ruinée, le neigeux Etna, les montagnes bleues de la Crète, l'azur immatériel enveloppant le Sinaï ; Moka couchée parmi les arbres au bord des flots ; Aden, menaçante sur son rocher; enfin Colombo qui semblait dormir sous le parasol rouge des flamboyants, grisée de fleurs odorantes, rassasiée de bananes mûres.

8 mai.

La lune jette des étincelles sur la mer sombre. La croix du sud paraît au bord du ciel. Là-bas, les fumeurs causent dans l'ombre, tandis que le piano égrène des valses lentes.

— On devrait prendre soin de ne jamais nommer de mulâtres en Indochine; l'annamite déteste et méprise le nègre.

— L'administration française ne seconde pas assez les efforts des colons. (C'est la voix rauque de l'ingénieur; un cigare luit sur sa figure maigre.) Indifférents, les fonctionnaires civils s'endorment dans leurs sinécures. La politique vient tout gâter; on a commis la faute énorme des monopoles...

— A notre place, les Anglais auraient accompli des merveilles.

— Aux Indes, les Anglais se sont fait haïr des indigènes en les accablant d'impôts. Mais nous sommes en train de les imiter. Les Tonkinois étaient ravis d'être délivrés du joug de la Chine et des exactions des pirates. Ils comprirent bientôt que les Européens sont pires que les pirates.

— L'indigène n'a pas d'opinion ; les colons lui en prêtent pour les besoins de leur cause, déclare un fonctionnaire civil (blond, solidement bâti, resté frais et rose après quinze ans d'Indochine). Ceux qui se plaignent des monopoles voudraient précisément les exploiter à leur profit. A l'égard des Annamites, il eût fallu choisir une bonne fois entre la manière forte et la manière douce : on a trop tergiversé.

— Le théâtre d'Hanoï, encore inachevé après avoir coûté deux millions, est une folie. La Cochinchine fut d'abord prospère ; on l'a ruinée il y a vingt ans en lui faisant faire budget commun avec le Tonkin.

— Ceylan vient de me charmer. Je revois sans cesse la route de Lavinia coupant d'un sillage rouge les buissons en fleurs : sous la colonnade des cocotiers, au fond des paillotes discrètes, la flamme éclaire comme autant de statues de bronze les Cinghalais à demi-nus.

— Vous admirerez Saïgon bien plus encore.

— Nous sommes pour nous-mêmes des juges trop sévères. Trente ans nous ont suffi pour faire en Indochine ce que les Anglais ont élaboré aux Indes en un siècle et demi. Notre administration n'est pas sans défaut : nous entretenons trop de fonctionnaires subalternes et mal payés. Au début de la conquête, on a fait flèche de tout bois. L'école coloniale marque un sérieux progrès, mais elle donne à ses élèves une connaissance à la fois trop étendue et trop superficielle des langues indigènes. A force de passer du Haut-

Tonkin au Cambodge, et du Cambodge à l'Annam, les administrateurs ne savent à fond ni le chinois, ni l'annamite, ni le cambodgien. Beaucoup sont à la merci des interprètes indigènes, ce qui présente de graves inconvénients.

— La spécialisation, ajoute un capitaine, est encore plus insuffisante dans l'infanterie coloniale. Nous rendrions plus de services, si l'on ne nous promenait sans cesse de Madagascar au Soudan, du Sénégal en Cochinchine. On commence à réagir contre ces perpétuels changements, mais il reste beaucoup à faire. Un de mes camarades avait appris successivement le sénégalais, le malgache et l'annamite ; on vient de le nommer au Cambodge. Apprendra-t-il le cambodgien ? Pourtant, il y a intérêt pour le commandement des troupes indigènes à bien connaître la langue et les mœurs d'un pays... »

Le piano scande vigoureusement la matchich, et les conversations se perdent dans le bruit.

12 mai.

Le ciel et la mer sombres. Sous des nuages marrons qui semblent vous frôler, une lueur indécise. Des raies de feu s'allument. La mer est vert pâle. Les collines boisées, sinueuses, se profilent, avec les saillies des arbres, nettes comme une ombre chinoise très noire. L'horizon entier s'embrase : au sud, feux de bengale rouges; au nord, fumées blanches, en hautes colonnes striées de flèches brunes, qui s'atténuent dans l'air gris perle, et s'évanouissent. Tout s'éclaire; les collines verdoient, se rapprochent; les flots chevelus sortent des flots ; le navire paraît voguer de l'un à l'autre. Dans les feuillages, maisons blanches, aux toits cramoisis, menues comme des jouets de Nuremberg, et si nettes, qu'on croit les toucher.

Voici les quais de Singapour. Des Malais en haillons; des Chinois au masque tourmenté, aux membres étiques ; à la poitrine deviée, couverte de loques. On regrette les Cinghalais au torse de bronze, le profil rouge sombre des Arabes d'Aden.

La ville chinoise, sale. Maisons ornées de lettres grimaçantes ; échopes sans vitres; fenêtres à balcon, révélant des chambres mal tenues. Comme à Colombo, une architecture bâtarde, bariolée de bleu pâle.

Une place étroite, avec des maisons européennes à arcades. Soudain, les hôtels et les monuments s'alignent devant une immense pelouse bien plate, tondue à l'anglaise, bordée d'arbres ; et sur la mer lointaine, indéfiniment claire, apparaissent de minuscules navires, sans relief, mais aux contours vifs, comme découpés dans du carton noir.

II

> Ceux-là ne connaissent pas la France,
> qui n'ont pas vu le reflet de son âme
> sur une terre lointaine.

Un ruban d'un jaune intense au-dessus de la mer. La nuit s'envole.

Par un ciel blanc, plein de lumière, les collines vert-sombre du cap Saint-Jacques.

Des nuages clairs sur fond bleu. La sinueuse rivière, aux languissants méandres, étale ses eaux d'un jaune vert-tendre entre les berges désespérément plates, garnies de broussailles vertes : palétuviers, palmiers d'eau, palmiers nains, que dominent les arréquiers.

Enfin, la ville : en face les paillotes indigègènes, les quais bien bâtis de Saïgon. La rue Catinat : tamariniers aux feuilles finement ciselées, maisons à un étage, boutiques vitrées ou sans devanture. Le théâtre, qui ressemble à un casino. Aux terrasses des cafés, les Français sont très pâles. Les femmes, surtout, ont le visage ravagé par le climat. Sinon, on se croirait dans une ville de province, à l'heure de l'apéritif : des absinthes, des bocks, des amers.

Il pleut ; de jeunes Annamites se déshabillent pour recevoir la douche ; ils font des glissades à plat ventre sur les marches mouillées. « Excellente gymnastique pour les personnes obèses », me déclare mon voisin de table, un civil aux joues creuses.

Les pousse-pousse ont l'air de jouets. Les attelages de poneys semblent pour enfants. Les Annamites sont des enfants intelligents, à l'œil noir et vif, au corps harmonieux, parfois robuste. Le cou, les chevilles, les poignets, sont d'une finesse aristocratique. La peau, d'un jaune mat et chaud, n'a pas ce vilain ton ocre spécial aux Chinois et à quelques Malais.

Les avenues ombragées, larges, régulières, se coupent à angle droit, parmi les villas et les jardins. Eclat rouge des flamboyants[1], dentelle verte des tamariniers, bananiers aux feuilles déchirées par le vent, arréquiers aux longues tiges pâles, manguiers, cocotiers, palmiers en éventail. La nuit tombe. La pluie cesse. Une atmosphère humide enveloppe les arbres immobiles. Un ciel laiteux, d'une profondeur infinie sous la clarté lunaire. Le bruit des cigales emplit l'espace. De gros insectes noirs volent autour des lampes. La nature semble dormir de chaleur.

15 mai.

Après dîner, un pousse me conduit au Théâtre annamite. C'est quelque part dans la nuit. Sur la route, des matelots en bordée, des rumeurs de plaisirs.

Une salle carrée avec des bancs; un balcon la surplombe, garni de fauteuils en rotin.

Sur les côtés de la scène, l'orchestre : une sorte de grosse caisse ou de timbale ; un violon monocorde, très aigu ; une flûte criarde. La mélopée languit sur les mêmes notes, rythmée par les coups de gong qui se précipitent aux instants tragiques. Comme décor, une broderie de soie.

Les acteurs déclament d'une voix traînante,

suraiguë. Les hommes sont affublés de longues barbes noires, leur tombant jusqu'au ventre; les femmes, habillées de soie brodée, coiffées de hauts diadèmes rouges et blancs, rehaussés de perles. Leur visage est sans expression; ils se sont composé un masque bizarre, mais immuable.

De temps en temps, des enfants traversent la scène pour simuler un combat.

L'assistance, très pauvre, est recueillie. Elle connaît le sujet de la pièce, emprunté aux légendes populaires; mais elle comprend à peine le dialogue, qui est en langue savante.

J'apprends que les héros à face terrible, et barbus jusqu'au ventre, sont des actrices travesties. Tout n'est-il pas étrange en cette Asie éprise de grimaces qui tantôt font peur et tantôt font rire, habile à changer les êtres humains en monstres inconnus.

16 mai.

Chollon : la ville chinoise. Maisons à un étage. Au rez-de-chaussée, les magasins. Des Chinois, demi-nus, à poitrine squelettique ou à gros ventre. On dirait de vieux ivoires.

Les façades sont en bois découpé et doré. Le toit avance, et forme abri. Un fond de soie rouge cache l'arrière-boutique. Sacs en raphia remplis de thé; meubles en ébène; forgerons à peau jaune, éclairés par la flamme; tailleurs aux épaules grasses, tous alignés, en train de coudre. Au premier étage, volets verts laissant deviner des chambres sales.

Dans la rue, un catafalque: sous un dai rouge, bordé de bleu, à cordons jaunes, le mort dans une châsse en bois doré, sculpté à jour. Bannières en soie noire, bleue, verte, rouge, avec des lettres chinoises.

∴

Désirant des allumettes, je tends une pièce de cuivre grosse comme un sou. On me donne douze boîtes de suédoises. Je n'ai pas assez de poches pour les mettre, et suis obligé de les porter à mon hôtel.

Dans ma chambre, les insectes volent en liberté; il n'y a pas de vitres aux fenêtres : seules des persiennes en bois ferment la vérandah, mais la moustiquaire est bien close.

17 mai.

Dix heures du matin. Le marché, plein de pittoresque. Grouillement d'Annamites portant sur l'épaule un bambou qui soutient deux paniers en équilibre. Les denrées les plus diverses sous les mouches : mangues dorées, bananes, poissons, ananas, et une sorte de gelée noire qui ne chatouille guère l'appétit.

∴

Mon compagnon de traversée avait raison : Saïgon fait honneur aux Français. C'est une ville élégante, nette, même en ses quartiers indigènes. Elle n'a aucune des verrues repoussantes qui défigurent Colombo et Singapour. Mais une affiche me gâte mon plaisir : « Comité Radical et Radical-Socialiste. » Combien les querelles de partis paraissent mesquines, si loin de la patrie !

20 mai.

Un Japonais me raconte plusieurs anecdotes sur le prince Ito [*]. J'ignore si elles sont exactes. Les grands hommes, dans l'autre monde, doivent parfois sourire lorsqu'ils lisent leurs historiens.

Le prince Ito, un des fondateurs du Japon moderne, était d'une naissance modeste, grand travailleur, grand fumeur, grand buveur, et, comme tout Japonais qui se respecte, grand amateur de femmes. D'une activité inlassable, il ne dormait que trois heures par nuit.

En 1902, Pétersbourg ayant refusé de négocier, il vint à Paris. Il voulut vérifier si les Parisiennes méritent leur renommée, et pria son secrétaire de lui trouver une guécha à peau blanche, sachant l'anglais. On lui présente une blonde à l'œil bleu tendre, malicieuse et gaie. Afin de mieux garder son incognito auprès de la belle, il fait passer son secrétaire pour un étudiant, et se donne comme son oncle. Tout se passa à merveille jusqu'au jour où le marquis (il n'était pas encore prince) quitta Paris pour l'Angleterre. Au retour, le secrétaire rencontre la charmante enfant :

— Est-ce bien votre oncle, dit-elle, que vous m'avez présenté?

— Sans doute.

— C'est vraiment votre oncle?

— Oui certes.

Alors, sortant de son réticule un exemplaire du New-York Herald :

— Et ce portrait de M. Ito et de son secrétaire?

Ayant appris l'incident, le diplomate japonais

s'abstint de renouer connaissance, craignant, paraît-il, que la jeune femme ne s'avisât d'augmenter ses prétentions.

N'étant plus que conseiller privé (le baron Okouma venait de lui succéder au ministère), le prince Ito négocia pendant deux heures avec un diplomate étranger. Il s'agissait d'un malentendu sur la Corée, et le grand homme ne tarda pas à rassurer son interlocuteur. Ce dernier crut devoir clore l'entretien par ces mots : « Quel dommage, monsieur, que vous ne soyez pas en ce moment ministre des Affaires étrangères ! »

Le prince Ito, qui, pour avoir quitté le pouvoir, n'en conservait pas moins toute son influence, regarda bien en face le diplomate et éclata de rire.

Recevant un soir à dîner l'Empereur de Corée, qui le redoutait particulièrement, le prince Ito,

en habit noir, entend son hôte lui dire : « Il fait
bien chaud ; mettez-vous donc à votre aise. »
Pour marquer que le représentant du Japon
était au moins l'égal de l'Empereur Coréen, le
prince Ito enlève non seulement son habit mais
encore son gilet, et reste en chemise.

Lorsqu'à la gare de Harbine, il reçut d'un
fanatique Coréen trois coups de revolver, il dit,
en se tâtant le côté : « Je suis touché », puis :
« Imbéciles de Coréens, ils ne savent pas tout
ce que j'ai fait pour eux. » Il avait soixante et
onze ans. Il ne prononça plus un mot, ne poussa
pas un gémissement, resta immobile, impassible,
jusqu'à sa mort.

22 mai.

Sous la lune claire, la rade à peine teintée de reflets pâles. Le rocher sombre de Hong-kong, semé de feux, bizarrement groupés comme des constellations.

Le quartier des affaires : grandes bâtisses à arcades ou à colonnes grecques, aussi massives qu'en la cité de Londres. Rues étroites, souvent abruptes, que seuls parcourent les piétons et les palanquins. Quartiers chinois : monotones maisons à compartiments, sans aucun pittoresque.

Au sommet du pic, les casernes. A mi-côte, les villas. Sur les pentes, flamboyants, lauriers en fleurs, palmiers, bambous au svelte feuillage.

23 mai.

Un ciel clair, sillonné d'une poussière jaune-rose. Les hauteurs sombres de Kow-loon ; la rade gris-bleu, hérissée de navires. Parmi la verdure, les façades carrées, percées de trop régulières fenêtres.

A l'autre versant, la mer, comme de l'étain poli, à peine distincte du ciel ; et jusqu'à l'horizon, qu'enveloppe une vapeur rose, les molles rondeurs des îlots, toujours plus atténuées par la brume.

24 mai.

Le Japonais qui partage ma cabine a les épaules larges, la taille courte, la tête forte, le masque très plat, les pommettes saillantes, de petites moustaches, et une mouche aux poils raides.

Nous parlons du Japon, et de sa rapide transformation : Tandis que le prince Ito* avait des idées libérales, le Maréchal Yamagata admire la constitution prussienne. C'est lui qui dirige en fait le Ministère, bien qu'il n'ait aucun portefeuille.

— Et le Mikado [1] ?

(1) Tandis que ce livre était sous presse, *Mutsu Hito* est mort, laissant à tous le souvenir d'un grand Empereur.

— On ne sait pas. Il reste dans l'ombre. La continuité merveilleuse de la politique japonaise depuis quarante ans indique cependant qu'il a une influence très sage, et qu'il sait choisir les hommes.

III

25 mai.

La mer jaunit, bleuâtre vers l'horizon, et se peuple de jonques chinoises. Nous approchons du Yang-tseu [*].

Des rochers noirs, aux formes simples, se dessinent de tous côtés dans la brume. Le ciel est nuageux et gris. Deux ou trois stries rouges marquent le crépuscule.

Soudain un reflet ocre se répand sur les eaux. La lumière s'avive, puis elle meurt : la mer devient d'un glauque très vague ; le ciel bleuit vers l'Orient. Au-dessus des masses brunes, les nuées blanches se détachent en relief. Les jonques pêchent, à la dérive ou guidées par des voiles sombres.

27 mai.

L'embouchure du Yang-tseu est comme un bras de mer aux eaux sales. Les sampans* sautent sur la vague, si curieux avec leur sorte de niche pour s'asseoir.

Sous la pluie, le Houang p'ou rappelle la Tamise en aval de Londres : même onde jaunâtre, même ciel gris ; des navires et des usines.

Voici Chang-haï* : les banques et les clubs aux lourdes colonnades, les pelouses de gazon fin. On se croirait en Angleterre, n'étaient les pousse, et les coolies déguenillés. Sortis du Bund et du Quai de France, nous voyons s'aligner les maisons aux toits relevés, aux enseignes pendues en enfilade, aux échopes s'ouvrant à plain sur la chaussée. Les inscriptions grimacent ; les façades sont en bois découpé et doré. Le soir, l'intérieur s'éclaire, et l'on voit manger, causer et rire, les boutiquiers à demi-nus.

La cité chinoise est toute moyen âge : enceinte crénelée ; fossé bourbeux et puant, portes fermées la nuit ; ruelles sinueuses, écrasées entre les murs. Les échopes, moins somptueuses, offrent un entassement de denrées et de bibelots. Parfois, le magasin et l'atelier se confondent. Ce qui frappe, c'est le peu de place qu'il faut aux Chinois pour vivre.

2 juillet.

L'autre soir, le ciel entier était illuminé de rose, et comme festonné. Aujourd'hui, derrière le Houang p'ou grisâtre, un ton bleu pâle, mêlé de jaune déteint ; on dirait un vieux tableau tout passé. Une foule de mâts striant l'azur. Plus près, des jonques aux voiles brunes glissent sur l'onde. Sans trêve, le chant monotone des coolies, courant, leur fléau sur l'épaule.

16 juillet.

Je suis retourné dans la ville chinoise. Le long d'une eau dormante, couverte de mousse, j'ai regardé les maisons de thé, bâties tout en vitres que soutiennent des bois vermoulus. A l'intérieur, assis autour de hautes tables carrées, devant leurs bols de thé, les Chinois causent ; ou bien, ayant accroché au-dessus d'eux une cage, ils écoutent l'oiseau chanter. Tout cela a l'air sale et mal tenu. Ici, une autre maison de thé, servant aussi de marché ; de petites vitrines contiennent les verroteries et les pierres. Je marchande un bibelot ; aussitôt les badauds nous entourent : il y a avec moi une Européenne et son mari ; pour les jaunes une femme blanche est une curiosité.

Après avoir aperçu derrière une triple rangée de fioles un dentiste au teint pâle, attendant les clients comme une araignée les mouches, nous traversons les trois cours d'un temple, gardées par des dragons. Au milieu, de grands brûle-parfums en bronze ; une foule de petits marchands, un charlatan, des diseurs de bonne aventure, un conteur, des faiseurs de boniments que l'on écoute bouche bée ; des vendeurs d'encens, un bonze* vêtu de noir, sans natte, portant sur le front les trois marques symboliques ; et, tout au fond, dans le calme, dans la pénombre, sous un toit garni de sculptures ajourées et de faïence peintes, les dieux aux attitudes hiératiques ou violentes, aux couleurs sobres, ou chargés d'or ; un énorme tambour, les dressoirs où brûlent les baguettes d'encens ; et des tables entassées sens dessus dessous, comme pour un nettoyage. Nous voici de nouveau par les étroites ruelles dallées, vouées chacune à un commerce différent : ici les

bijoutiers ; là, les marchands de coffrets ; par ici
les meubles, par là des porcelaines, plus loin les
éventails. A droite, on vend les lingots en papier
d'argent, pour les funérailles ; car le Chinois
pratique n'enterre pas de véritable argent pour
servir de fortune au mort dans l'autre vie. Il se
contente de lui brûler plusieurs milliers de taëls
en papier, valant au plus quelques sapèques. Dire
qu'il y des centaines d'Européens vivant à
Chang-haï, qui ne mettent jamais les pieds dans
cette cité chinoise. Bien qu'en son genre elle soit
médiocre, elle est pourtant pleine de charme. Les
Chinois y ont l'air vraiment chez eux : sauf quelques pacotilles, rien d'occidental ne s'y trouve.
Ni électricité, ni tramways, ni voitures ; à peine
un pousse-pousse de temps en temps. On se pro-
mène à pied ; on s'efface pour laisser passer la
chaise à porteurs d'un mandarin ou d'une femme
entretenue. Et l'odeur chinoise par excellence,
l'odeur que l'on retrouve dans les rizières, qui

vous poursuit de la rue à la boutique, et de la boutique à la rue, l'odeur qui rappelle le plus souvent à l'homme qu'il n'est que pourriture, s'y exhale avec tant de liberté.....

Derrière un grand mur blanc dont le sommet ondule comme une queue de dragon, j'ai trouvé un jardin. Une porte basse accède à des galeries fraîches, précieux abri contre le soleil estival, contre les vents d'hiver. Les fenêtres bizarres, traversées de nervures et de dessins à jour, laissent voir les arbres, les cours, et les parterres.

Une porte cadenassée nous arrête. Il faut escalader un labyrinthe de rochers. La femme de mon ami, telle une chèvre, a grimpé, ardente aux plaisirs défendus. Alors nous avons fait un rêve capricieux : tout d'un coup apparaissent les pavillons, les toits ouvragés, les sculptures fantaisistes. On se croirait transporté à cinq cents lieues de la cité malsaine, dans un pays étrange et nouveau. Longuement, nous contemplons tous ces méandres, révélation imprévue de l'âme chinoise qui se plaît à les imaginer et qui les aime.

En descendant, nous nous sommes égarés parmi les allées confuses, jusqu'à une terrasse où des Chinois prenaient le thé. L'un d'eux, à l'aspect vénérable, s'approche, fait de grands saluts, nous conduit vers la porte, et nous regarde sortir.

18 juillet.

Les livres chinois commencent à rebours des nôtres : on les ouvre à la dernière page, et on lit de bas en haut et de droite à gauche.

On salue sans quitter son chapeau. Si on dîne en tenue de cérémonie, on garde également sa coiffure.

A table, la politesse chinoise ordonne de... roter, pour montrer qu'on a fait honneur au dîner de son hôte.

Au lit, la politesse chinoise n'est pas moins contraire à celle d'Occident. Loin de manifester sa joie au jeu d'amour, la femme doit paraître insensible et froide, afin de ne pas troubler le plaisir de son seigneur et maître.

Les hommes seuls prennent part aux réceptions et aux festins qui commencent à cinq heures du soir ; à la fin du repas, on fait entrer les musiciennes et les danseuses ; à neuf heures, tout le monde s'en va.

Les canards et les cochons de lait sont conservés indéfiniment sous une couche de laque ; la laque fond lorsqu'on les fait rôtir.

Lorsqu'on se voit pour la première fois, il est extrêmement poli de se questionner sur le lieu de sa naissance, sur ses parents, sur ses frères et sœurs, etc.

Pour annoncer la mort d'un de vos parents, vous devez prendre un visage riant, afin d'épargner à votre interlocuteur la peine de vous plaindre.

Il est malhonnête de parler de soi sans y être invité.

Lorsqu'un supérieur passe en chaise à porteurs, l'inférieur doit faire mine de ne pas le connaître : si en effet il le saluait, la courtoisie obligerait le supérieur à descendre de sa chaise pour dire bonjour ; il est de bon ton de lui éviter cette corvée.

Les cartes de visite sont rouges, longues de vingt centimètres.

Les enveloppes des lettres sont plus hautes que larges.

Lorsque deux Chinois ne se comprennent pas en parlant, ils tracent d'invisibles caractères avec leur index droit sur la paume de leur main gauche.

⁂

Les femmes s'appliquent à dissimuler leurs formes et à paraître sans croupe et sans poitrine.

Celles mêmes qui vendent leur corps ont de la pudeur à montrer leurs épaules.

Ce sont les femmes qui portent des pantalons, et les hommes qui sont en robe.

Lorsqu'on bâtit une maison, on commence par faire le toit en l'étayant sur des piliers angulaires. Ensuite, on élève les murs.

Les baignoires chinoises sont complètement rondes et plus hautes que larges. On ne s'y couche pas, on s'y accroupit.

Tout valet chinois amène avec lui son domestique, auquel il fait faire les courses et les gros ouvrages. Les cuisiniers ont chacun un marmiton.

Lorsque votre boy * veut chiper un objet, il commence par le changer de place. Ensuite, il le cache ; et si vous ne le réclamez pas, il l'emporte.

Si vous payez trop grassement un traîneur de pousse, l'air furieux, il vous réclame un supplément : n'êtes-vous pas un nouveau venu, ignorant des prix et des usages, que l'on peut tondre sans vergogne ?

La pipe chinoise ne contient qu'une pincée de tabac, juste de quoi tirer une bouffée. Les fumeurs passent leur temps à rallumer leur pipe.

Les tableaux chinois s'enroulent autour d'une baguette, comme dans nos écoles les cartes de géographie. On les garde dans des coffres de bois précieux, et on ne les déroule guère que pour les montrer à ses amis.

Dans la perspective chinoise, les lignes, au lieu de converger, s'écartent, ce qui rend les arrière-plans immenses, et les premiers plans tout petits. Les personnages sont presque toujours écrasés par le paysage.

*
* *

Si vous faites une action d'éclat, on anoblit votre grand-père. Si un coolie veut vous injurier, il traite en parole votre arrière-grand'mère d'une manière fort désinvolte, et que l'urbanité du langage n'empêche de préciser.

Une des plus graves insultes est : « Œuf de tortue ».

Lorsqu'un Chinois, obligé de partir en voyage, ne peut donner de gage à un créancier, un de ses amis se porte caution. Si la dette n'est pas acquittée à l'échéance, et que l'ami n'ait pas non plus de quoi payer, il se laisse mettre en prison. De la sorte, le débiteur principal n'est pas inquiété ; il a le temps de terminer ses affaires et de recueillir assez d'argent pour désintéresser son créancier.

Lorsqu'un fonctionnaire ou un magistrat chinois est en grand deuil, il demande à être relevé temporairement de ses fonctions.

Lorsque le Grand Conseil soumettait au trône un décret, il devait envisager toutes les solutions possibles, y compris la négative, rédiger autant de formules qu'il avait trouvé de solutions, et les présenter à l'Empereur qui choisissait et signait.

D'après la loi, l'Empereur de Chine peut avoir :

1° Une épouse ;

2° Quatre concubines du premier rang ;

3° Vingt-sept du second rang ;

4° Quatre-vingt-une du troisième rang.

Il donne audience à ses ministres à quatre heures du matin. A huit heures du matin il assiste parfois à des représentations dramatiques.

On l'appelle le « Fils du Ciel », le « Chef suprême », l' « Homme solitaire », le « Bouddha des temps présents », le « Seigneur de dix mille années ».

Lorsqu'il sort de son palais, les rues doivent être balayées et désertes et personne n'a le droit de le regarder.

Lorsque les diplomates étrangers étaient admis à voir l'Empereur, ils devaient se prosterner et toucher la terre du front. Ce n'est qu'après bien des réclamations que ce cérémonial fut aboli.

L'Empereur est à la fois le Pontife de deux religions distinctes : le taoïsme * et le bouddhisme*. Les réincarnations du Bouddha qui se produisent au Thibet ne sont considérées comme authentiques que lorsqu'il les a reconnues. Lui seul sacrifie au Maître suprême ; il a le pouvoir de conférer des rangs plus élevés aux divinités secondaires. C'est ainsi qu'en 1872 « deux génies femelles qui avaient accompli de nombreux miracles pour le bien du peuple » furent élevées à la dignité de déesses. Un peu plus tard le dieu du vent, et le dieu de la cité de Chang-haï furent gratifiés d'un diplôme d'honneur, pour avoir protégé un convoi de riz impérial sur la mer.

20 juillet.

Il est six heures du matin. Nous sortons de Chang-haï à cheval. Nos poneys sont trapus, râblés, intelligents comme des ânes. Ils galopent vite, mais ils trottent court.

Déjà, la chaleur est accablante. Les cigales crissent sur les arbres. Une mince broussaille de frênes nous sépare d'une crique aux eaux basses, où les bateaux chinois, d'aspect pittoresque et sale, naviguent lentement. Toute une population habite au milieu des canaux, transportant les moissons et les engrais. Lorsqu'un bateau est pourri, on le renverse sur la berge, au bord d'un champ; et sa coque, trop vermoulue pour tenir en respect l'eau des rivières, sert encore d'abri contre l'eau du ciel. Des hameaux pouilleux et misérables surgissent ainsi d'un seul coup, humbles émules des villes-champignons poussées sous le soleil plus léger de l'Amérique.

Zi-ka-wei ; maisons basses, sans étages, avec un éventaire de fruits ou de gâteaux amers. Isolées au milieu des champs, les toitures grises s'échelonnent de plus en plus clairsemées jusqu'à la pagode de Long Hoa (la Fleur du Dragon), dont on aperçoit là-bas l'étrange silhouette. La cathédrale domine de ses hautes flèches le village chrétien. Une messe solennelle l'a inaugurée en 1910, tandis que les indigènes, groupés devant le portail, allumaient des pétards. Les esprits malfaisants doivent courir encore, effrayés par une telle pétarade.

Chapeau bas, nous entrons dans les longues galeries du cloître, où, inspirés par le patriotisme et par la foi, des savants bravent librement l'exil, l'insalubrité d'une terre trop humide, pour répandre parmi les Chinois leur double idéal de chrétiens et de Français.

Voici de jeunes étudiants indigènes qui parlent couramment notre langue. « Nous sommes obligés de leur apprendre aussi l'anglais, me confie le Père Recteur ; sinon, nous n'aurions pas d'élèves : le prestige commercial de l'Angleterre est si grand ! »

Les Jésuites dirigent également un orphelinat où tous les métiers manuels sont en honneur, et un observatoire qui enregistre les variations de la température, prévoit le cours des typhons, et rend les plus grands services aux marins.

25 juillet.

X... a dix ans de Chine. Il est petit, sec, grisonnant, le teint frais, entre deux âges. Professeur de français dans différentes universités chinoises, créées pour enseigner les langues et les sciences européennes, il est parti, dégoûté, aigri, plein de scepticisme sur l'aptitude des Chinois au progrès : notre pensée est trop loin de la leur. Les vieux lettrés sont hostiles à tout changement. Ils méprisent « l'ignorance » des hommes nouveaux. Les études classiques sont longues et difficiles. Celui qui s'est instruit en Europe ne connaît pas toutes les finesses de la langue mandarine. Il est incapable d'écrire une supplique parfaitement protocolaire et correcte.

Il manque de style. Il ne sait pas encore le français ni l'anglais ; il ne sait plus le chinois. La culture occidentale et la culture céleste débordent les limites d'un seul crâne. Si la Chine marche vers le progrès, c'est avec des pieds de Chinoise.

X... est un pessimiste. Il ne faut pas adopter son opinion sans quelque réserve. D'ailleurs, les Chinois feront bien de ne nous imiter qu'avec électisme. L'Europe serait présomptueuse de croire à son absolue et universelle supériorité. Le chapeau haut de forme est-il vraiment une coiffure supérieure ?

IV

En route vers Nagasaki.

La mer est chatoyante comme une soie moirée. A l'horizon, les montagnes sveltes se dressent, aussi légères qu'une apparition. Elles se matérialisent peu à peu, révélant le contraste de prairies vertes et de forêts bleues, moins bleues que l'onde, plus sombres que le ciel. L'atmosphère est d'une profondeur infinie ; les nuages neigeux, crêpelés, d'un classicisme impeccable, exagèrent leur netteté et leur relief. La brise est à la fois fraîche et tiède : elle caresse et elle stimule. Chang-haï est loin : on se sent revivre ; les âmes du purgatoire doivent éprouver la même sensation lorsqu'elles gagnent le paradis.

Le déclin du soleil fonce la mer et éclaircit le ciel. L'eau semble se durcir ; l'air s'atténue, fluide par delà la ligne brutale des flots.

La côte est plus proche. Au fond d'une baie, derrière les roches, un village. Le soleil fait étinceler les voiles blanches et l'écume des vagues qui se brisent. La buée falote a disparu. La lumière dessine les contours comme en Méditerranée. On comprend que le peuple qui habite ces îles soit plus voisin que les Chinois de notre pensée et de notre art.

2 août.

Je m'éveille, entouré d'un cirque de montagnes. J'ai l'impression d'être au milieu d'un lac aux eaux vertes. Sur les pentes, les villas européennes, étagées en terrasses, ceintes de verdure. Nagasaki accroche ses minuscules maisons de bois aux flancs abrupts d'un coteau. Les ruelles sont sinueuses et se prolongent fréquemment en escaliers.

La brume se lève ; les montagnes se découpent sur le ciel clair, avec les moindres détails des buissons ou des arbres.

Le navire quitte la baie. Les îles se succèdent, opposant le vert clair au vert sombre. Les unes s'élancent vers le ciel ; d'autres s'arrondissent avec grâce ; ici un rocher tout hérissé de pins tortueux se plonge dans la mer. Et c'est un décor toujours renouvelé, toujours verdoyant, aux lignes nettes : la lumière de Florence sur des feuillages somptueux.

De place en place, tapie dans un creux, une usine fume.

*
* *

Le Japon, c'est de la pauvreté souriante et aimable : nulle part, la misère n'est moins sordide, plus heureuse et plus avenante, que dans ce pays béni.

La Chine, c'est de la crasse colorée et pittoresque.

Mer intérieure, 2 août.

L'or du soleil se mêle de rose. Les montagnes prolongent la mer bleu sombre, moirée de lilas clair. On croirait que l'horizon s'égare en sinuosités capricieuses. Peu à peu, les montagnes se détachent de l'onde, absorbées par l'atmosphère rose.

Couleur de jais, un bateau passe, découpant sa silhouette ajourée sur fond clair, soufflant à petites bouffées une colonne de fumée noire.

Une longue traînée rouge barre le ciel; nuancé de gris perle, de vert doré, et de mauve. Les collines projettent leur masse opaque sur toute cette richesse, qui graduellement s'obscurcit, puis s'éteint.

3 août.

Au pied de montagnes aux cimes en roche blanche, étendue à plat le long de la mer, Kobé brumeuse, vomissant de tous côtés une fumée noire.

Des navires anglais et japonais sont à l'ancre. Sur le port, une ville basse, bâtie à l'européenne, avec des avenues plantées de saules, où se trouvent les banques, les Compagnies de navigation, etc.

En arrière, les quartiers japonais, les coquettes boutiques de pacotille ou d'objets d'art. Les maisonnettes en bois, vraies maisons-de-poupées, sont rangées gracieusement parmi les touffes de laurier rose, de laurier blanc. Au rez-de-chaussée, une porte en barreaux minces, un plancher surélevé, garni de paille tressée, pour se coucher ou pour s'asseoir. Sortant d'un petit toit en tuiles grises, un premier étage avec un balcon. Le bois est au naturel : d'un jaune clair lorsqu'il est neuf, d'un gris souris lorsqu'il a été verni par le temps.

Les boutiques n'offrent ni sculptures ni dorures, mais elles sont nettes et bien tenues.

L'aspect des Japonais est plus agréable que celui des Chinois. On voit moins de figures intelligentes et affinées ; en revanche les hommes ont une ossature régulière, une musculature robuste ; les femmes sont gracieuses en leurs cotonnades claires ; les enfants sont de gentilles poupées aux cheveux noirs coupés droit sur le front. Ils sont vêtus simplement, mais toujours avec goût et avec propreté. Le teint est plutôt brun foncé que jaune. Les pommettes sont souvent rosées.

De grandes bannières violettes aux inscriptions d'or. Puis une troupe de porte-bouquets, vêtus de larges vestes écrues ou noires. Une cage dorée avec des colombes. Le bonze, assis dans un pousse-pousse et égrenant son chapelet. Des offrandes, des œufs, du lait. Enfin le cercueil sous une châsse couverte de dorures.

La rue monte. Les bannières flottent.

Ils s'avancent d'un pas rapide, dans le plus grand silence. Là-bas, des colonnes tronquées, étagées en terrasses, blanches, parmi les verdures. Devant chaque tombe, deux vases en pierre, garnis de feuillages. Un lieu de repos très calme, très doux, égayé de fleurs, ombragé d'arbres, d'où l'on voit la ville et la mer. C'est de là que le sage de Lucrèce pourrait contempler sans tristesse la vaine agitation des hommes. Une sorte de temple nu, dont la porte est gardée par deux monticules de terre : en entrant, par maladresse, je les effleure du pied. Un vieux bonze étique, accroupi sur le sol, se lève, remet soigneusement la terre, puis reprend sa méditation et son immobilité.

4 août.

A Kobé, les gens du peuple n'ont pas le regard vif des Chinois, ni la sveltesse des Annamites. Leur carrure est massive ; leur vigueur, ramassée, un peu nouée. Les attaches sont épaisses. De temps en temps, parmi les hommes très rares qui s'habillent à l'européenne, on aperçoit une physionomie des plus expressives.

Les femmes portent toutes des kimono dont les nuances discrètes mais gaies se détachent sur les maisons grises.

Ici, le jardin d'un temple : camphriers majestueux, buissons d'altéas en fleurs, grenadiers chargés de fruits encore verts. A l'entrée, deux colonnes surmontées de lanternes en pierre, sans vitres. Au milieu, l'autel, sous un grand toit relevé, bordé de lampes en papier.

Dans la montagne, un ravin et une chute d'eau claire. Les sentiers sont frais et couverts par les branches. Des magnolias, des micocouliers, des pins sombres, d'autres plus clairs. On sent l'odeur de la sève ; on entend le crissement des cigales. La brise mêle la saveur des pins à la salure de la mer. L'eau de la source est exquise. Si l'on se retourne, la ville, toute plate, hérissée d'arbres pittoresques ; et, derrière la mer noirâtre, les montagnes lointaines.

5 août.

Sept heures du soir. La chaloupe qui doit rejoindre le navire siffle et frémit. Trois Anglais et une Anglaise s'y précipitent. Restés à terre, un traîneur de pousse et un autre Japonais protestent avec courtoisie : ils voudraient un supplément pour la course en kuruma de la gare à la jetée.

Qu'importe ! Les Anglais sont sûrs d'avoir payé assez cher ; l'Union Jack les protège de ses plis : « Au diable les hommes jaunes ! »

Les « hommes jaunes » n'ont pas dit leur dernier mot. Le plus petit : un agent de police, commande au mécanicien d'attendre que les étrangers aient complété la somme réclamée conforme au tarif officiel. La chaloupe reste rivée au port.

Messieurs les Anglais sont furieux. Le rouge leur monte au visage. Leur colère à froid, sans gestes, sans paroles, est vraiment drôle. Des touristes allemands songent, mélancoliques, que le dîner sera trop cuit, parce que John Bull veut épargner quelques *sen*. Mais John Bull n'obéit pas à l'économie : sûr de son bon droit, il s'entête par amour-propre. Sa fierté refuse de s'incliner devant l'injustice de pareils « sauvages, avec qui le gouvernement de Londres eût le tort de se mésallier ». Enfin, l'air méprisant, il tend la piécette demandée. Vainement on lui a expliqué la cause du malentendu, et pourquoi les Japonais avaient raison : il n'est pas convaincu. Il a cédé en gentilhomme, pour avoir la paix, et tout en regrettant l'époque où l'on « pouvait payer tous ces voleurs à coups de cravache ».

8 août.

Yokohama. La cité européenne, près de la mer. Des rues japonaises grimpant sur les collines ; des temples d'où l'on aperçoit le Fuji Yama, la ville basse, les flots. Partout des criques, restes d'un ancien marais. Les montagnes sont moins hautes qu'à Kobé, mais plus boisées.

Un train japonais : les banquettes s'adossent aux quatre parois du wagon. Les hommes en kimono, fumant la pipe ou la cigarette ; les femmes avec des paquets. L'une, blonde, le teint rosé, mais les yeux en amande, évidemment une métis.

La campagne présente des collines ombragées

de pins, des vallées toutes vertes de riz. Les maisons des villages n'ont guère qu'un rez-de-chaussée et un toit de chaume ; elles ont un aspect correct et propre.

11 août.

Une pluie drue, continue. Depuis quatre jours, pas un rayon de soleil. De temps à autre, le ciel est blanc, lumineux : on croit que la pluie va cesser. Au contraire, elle reprend des forces. Elle rend plus intense la verdure des arbres, elle efface les collines lointaines.

12 août.

Le soleil s'est levé. Les collines boisées précisent leurs moindres détails.

Au loin, très loin, une ondulation bleue, moins nette que la mer, moins fluide que le ciel : l'île d'Enoshima.

Kamakura, 13 août.

Le Daibutsu (grand bouddha) est assis au fond d'un jardin, entre les collines d'où les pins jaillissent comme des fusées. Il semble aussi haut que les arbres, aussi haut que les collines. S'il se levait, il toucherait le ciel. Mais il est majestueusement immobile. Il médite, la tête inclinée, les deux mains sur ses jambes croisées. Sa poitrine est puissante et belle; son visage, harmonieux et calme. Sous ses paupières mi-closes, ses yeux contemplent l'infini.

Autour de lui, la nature mouvante, la chaîne ininterrompue de la vie, mais d'une vie gaie, active, sans la moindre lassitude; les fidèles ne sont pas des ascètes : quel contraste entre ces trois petites Japonaises au kimono fleuri, et la religion du Nirvanah. La lourdeur du soleil, le parfum trop enivrant des plantes ne sont pas là pour engourdir le cerveau et paralyser la volonté. Point de ces floraisons dont l'odeur est vénéneuse et perfide. La brise marine, relevée par la senteur des pins, rend l'effort facile et gai. Les arbres et les buissons, d'une merveilleuse variété, hérissant leur feuillage comme des plumes ou l'abaissant comme une chevelure, l'étendant au loin comme un toit, ou le dispersant en un pittoresque bouquet, ont un air rassurant et sain, et semblent faits pour le repos des yeux après un long travail. Des sources limpides jaillissent entre les plantes. C'est le pays du labeur sans tristesse et de l'espoir.

Au flanc d'une colline, le temple de la Miséricorde*, dominant la ville et la mer. De la terrasse, à l'ombre des cerisiers, on peut voir, parmi les verdures, les toits de tuile grise ou de chaume brun se perdre là-bas dans la chevelure hérissée des pins, s'arrêter ici devant le miroir bleu des flots.

Le jardin du temple a un air délicieusement antique. Il semble avoir toujours été là, comme cette cloche oblongue sous cet abri de chaume, comme ces deux aiguières que remplit l'eau du ciel.

Un grand toit de chaume sur des poutres sculptées, un entassement de bouddhas peints, d'ex-votos, figures d'un art naïf ou décadent ; une immense lanterne en papier, un poisson de bronze soutenu par deux chaînes ; au milieu, la déesse, toute dorée, tenant une branche de verdure.

Certaines statues sont d'un goût médiocre, mais cela vaut mieux que les stèles récemment élevées dans les temples de Yokohama à la mémoire des soldats morts en Mandchourie.

J'ai voulu sonner la cloche — comme je l'avais

vu faire déjà — pour appeler la divinité et la rendre attentive à ma prière ; mais le traîneur-de-pousse qui m'accompagnait m'en a empêché.

Alors j'ai dit adieu à la déesse de la Miséricorde*. La sérénité de sa demeure m'a rendu plus indulgent. Ici, on respire un peu la même atmosphère qu'en Italie ; l'esprit y ressent la même souplesse légèrement rêveuse, la même impression de vie heureuse et brève ; on y goûte la même saveur d'éternité : « Qu'importe telle ou telle fausse note ; le concert du monde est bon. Il ne faut pas s'arrêter aux dissonances ; il faut se laisser charmer et jouer sa partie de son mieux. »

15 août.

C'est par mer qu'il faut entrer à Tôkyô :

Une côte basse et boisée dans la brume ; des eaux jaunâtres, peu profondes, perfides. Sur les îles, de redoutables défenses.

Le palais d'été se montre parmi les arbres aux larges cimes.

Puis, la rivière encombrée de jonques.

Voici le vrai Japon, moderne, mais resté Japonais : grandes avenues, bordées de maisons japonaises et sillonnées de trams électriques ; un peuple gai, animé, vêtu à la japonaise, envahit les trams. Les boutiques offrent séduisants « curios », pacotilles originales, et non point ces articles sans goût qui à Kobé ou à Yokohama poussent comme des champignons sous les pas du touriste américain.

Nous avons dîné près de la rivière, accroupis devant une table basse. Notre salle à manger s'ouvrait toute vers l'eau sombre semée de lueurs. Les pluies avaient inondé le quartier où l'on s'amuse; là-bas, les traîneurs-de-pousses s'aventuraient à gué dans les rues fangeuses, et tournaient court, craignant de perdre pied. La brise délicieusement fraîche ajoutait aux gâteaux et au saké un nouvel arome. Les servantes entraient en saluant jusqu'à terre, posaient devant nous de gracieux petit bols en porcelaine ou en laque; et s'étant agenouillées, elles versaient le vin-de-riz, déchiquetaient le poisson avec les baguettes d'ivoire.

Tôkyô, 16 août.

Sur les hauteurs, de grands parcs, parmi les étangs aux lotus roses. Les arbres sont des géants. Ils abritent de fragiles merveilles : les tombes des Shogun*. Deux cours, bordées de portiques en bois peint, finement travaillé, conduisent au sanctuaire où l'âme demeure. Il est ciselé comme un bibelot, laqué comme un coffret. Un balcon léger à balustrade basse l'entoure. Dans la pénombre, l'autel avec les offrandes, les brûle-parfums, les lotus, les cigognes porte-cierges. Au fond d'une dernière cour, un escalier, une porte de bronze, ornée de dragons, de pins, d'érables en demi-relief. Le corps repose sous une stèle de pierre, terminée en forme de toit.

Certaines chapelles ont une colonnade intérieure, surmontée de panneaux découpés à jour : des oiseaux, des dragons, des fleurs de pruniers, des lotus, des paons, des sarcelles nichées dans les roseaux. Sur les murs en laque, les lions peints se détachent, plus ou moins mythiques d'allure, d'un mouvement et d'une technique parfaite. Les poutres sont sculptées, taillées en dos d'âne : ici elles s'entre-croisent, encadrant les caissons d'écaille ou de cloisonné. La laque rouge, la laque d'or étincellent. Le bois se courbe et s'ajoure comme par miracle. C'est somptueux, surchargé, parfois criard : on a cherché le difficile, le rare, le curieux même, en sacrifiant l'harmonie et la sobriété. C'est du luxe et de la décoration plutôt que de la création.

Mais n'est-ce point un rêve que cette légèreté, cette fragilité, cet éclat, ces dentelures, et cette odeur de bois précieux et de laque ! On pardonne à l'Orient son exagération et son style ampoulé, parce qu'il éblouit, parce qu'il transporte hors du réel, parce qu'en vérité la nature elle-même a suggéré par une surabondante richesse ces formes bizarres, cette coloration violente.

Kamakura, 17 août.

Temples bouddhistes au milieu d'arbres nains. La porte est gardée par les Ni-o*, l'un montrant les dents, l'autre fermant la bouche avec une grimace hideuse.

Le soleil reluit sur les poutres brunes que terminent des dragons aux fines découpures. Un flot de lanternes en papier, d'ex-voto. Les bonzes prient d'une voix traînante et se prosternent tour à tour. Ils ont la face rasée, desséchée, parcheminée et semblent quelques statues de bois, enlaidies avec amour, patinées par les siècles, auxquelles la caresse du soleil aurait donné la vie.

En haut de la colline, des temples shintoïstes,

aux cours désertes, aux sanctuaires délaissés, dressent la régularité de leurs colonnes parmi la colonnade encore plus majestueuse des cèdres.

Un pont de pierre, — on dirait un pont de bois pétrifié, — franchit une eau pleine de lotus roses. Des arbustes, des arbres tordus, un icho* gigantesque, des marches, un temple rouge. C'est ici que l'on vénère Hachiman : le dieu de la guerre. De pacifiques pigeons mettent leurs nuances claires sur le portail. De petites Japonaises reluisent parmi les feuillages comme des porcelaines blanches et bleues. Tout est calme et accueillant ; tout est gai, riant : les arbres fleurissent ; les petites Japonaises sourient ; les pigeons arrondissent leur vol dans la lumière. Seuls les canons et les obus pris aux Russes rappellent que ces nains trapus et aimables savent combattre, mourir ou vaincre.

Derrière le temple, une collection d'armes

primitives, depuis l'âge de pierre jusqu'à l'âge de fer. Des casques ornés de dragons, des miroirs, des laques, et des idoles. Une statue grossière de Hachiman, noir, sur un cheval noir; épais, ramassé, l'œil terrible. Un kakémono représente un Bouddha noir entouré de quatre génies noirs. Benten [*], la déesse de la beauté, calme et indifférente, joue du shamisen, les jambes croisées. Elle a la face blanche, évidemment fardée, l'œil en amande, mais le front droit, le nez presque droit. Le type grec serait-il vraiment le type idéal et universel de la beauté ? — Ou bien les sculpteurs Japonais ont-ils conservé aux dieux hindous certains caractères de la race Aryenne ?

V

20 août.

Kyôto est vraiment la Florence japonaise, belle et riante parmi des montagnes lumineuses.

C'est une cité d'autrefois, mais qui n'est point morte. Aucune dissonance moderne ne vient troubler l'harmonie du style, sauf les fils télégraphiques qui projettent au-dessus des maisons leur toile d'araignée. La légèreté de la lumière, la pureté de l'air, tout prédispose à un art sobre, net, spirituel dans sa simplicité. La race est fine et intelligente. Le type est plus pur, et les profils plus marqués. Les traits s'amincissent sur les visages. Les attaches sont moins grosses, les gestes plus gracieux. Les gens du peuple eux-mêmes sont d'une courtoisie raffinée.

L'architecture des temples reflète les qualités de la nature et les qualités de la race. Elle est simple et harmonieuse. Au dehors, le bois naturel, relevé seulement de peintures blanches ou de plaques noires incrustées d'or. Mais quelle finesse ! La porte extérieure de Nishi Hongwanji présente une dentelle de fleurs et de personnages. Nishi Otani essaime ses pavillons gracieux dont les doubles toits s'envolent. La façade de Higashi Hongwanji est grandiose et vaste. Perché entre une cime et un ravin, Kyomitzu regarde, au-dessus des toits brumeux, la courbure des montagnes. A ses pieds, noyé dans la verdure, un portail de pierre surmonte un autel, et divise une source en trois jets parallèles. Pour prier, Japonais et Japonaises se mettent en chemise sous l'eau froide, et demeurent, les mains jointes, l'étoffe les moulant par petits plis, immobiles. Dans le demi-jour des arbres, on croirait que le portail s'est garni de caryatides.

La lumière est si caressante, l'atmosphère est si douce, que la peinture et la sculpture devaient fleurir. Comme l'architecture, elles ne furent d'abord qu'une bouture chinoise. Longtemps, les peintres japonais animèrent leurs paysages de personnages chinois. Au musée de Kyôto, les kakémono chinois, plus anciens que les œuvres japonaises, offrent la même technique et aussi parfaite. Si l'art japonais a eu de la peine à se dégager des formules apprises, il est impossible de lui refuser une existence indépendante, une originalité créatrice. Il a su donner la vie avec une extraordinaire intensité. Il l'a donnée, non seulement aux hommes et aux animaux, mais aux fleurs et aux arbres. Le bonze accroupi de Kokei* peut être opposé à n'importe quel chef-d'œuvre de l'art occidental. Le regard est pénétrant, le visage brille d'intelligence, l'anatomie est admirable. Une peinture assez primitive, intitulée : « le Nirvanah du Bouddha », rassemble autour d'un corps inanimé toutes les expressions de la douleur humaine ; il n'est pas jusqu'aux lions, aux biches et aux oiseaux, qui ne portent sur leur physionomie et même dans leur allure les marques d'un chagrin profond et naïf. Si les mille Kwannon * dorées, — au temple des trente-trois-mille-statues, — sont uniformément figées dans une pose hiératique et traditionnelle, les dieux grotesques sculptés par Unkeï * ont une souplesse de geste, et une variété d'expression à défier les plus grands réalistes. — Dans les appartements de Nishi Hongwanji, un minuscule cabinet est garni de panneaux peints en couleur sur fond d'or : ici, une chevauchée s'éparpille à la poursuite des bêtes les plus diverses ; à gauche, les cavaliers s'avancent au pas, tandis que là-bas, à l'arrière-plan, on prépare un festin. L'intensité de la vie, le mouvement et la variété des attitudes font songer à Téniers. Il est impossible de mieux allier le réalisme à la fantaisie. Dans la salle des cigognes *, les personnages debout près d'un souverain sur un trône, par leur majesté sans raideur, par la composition sobre, rappellent l'art florentin. — Je vois encore à Chioin-in, un vaste paysage en noir et blanc: à gauche, la mer, une barque; impression de calme; des collines en pain de sucre, aux sommets très arrondis, jaillissent de la plaine unie ; au premier plan et à droite des arbres, un pavillon; le tout presque aérien. Le maximum d'effet avec le minimum d'effort. On ne saurait imaginer un art plus savant. Dans les autres chambres, un Chinois à la face terrible, chevauchant un tigre majestueux, la queue sinueuse; et sur fond d'or, des fleurs, des cigognes, gracieusement posées, des moineaux perchés sur des branches tordues et qui semblent se détacher en relief, et vivre. Les oiseaux sculptés parmi les feuillages au château de Nijo, et à Nishi Hongwanji, ont la même souplesse, les mêmes couleurs vives. Ce sont des coqs, des paons faisant la roue, des sarcelles, des cigognes en plein vol. Les œuvres qui ornent à Tôkyô les tombes des Shogun* sont moins naturelles et moins vivantes.

La décoration intérieure est aussi de meilleur goût à Kyôto. Dans les temples, la simplicité du plafond et des murs fait mieux ressortir les dorures de l'autel. A Nishi Hongwanji, les colonnes et les poutres de cyprès contrastent avec les lanternes en bronze découpé, aux dessins étranges, avec la table des offrandes, en laque rouge, aux bords relevés ; avec le tabernacle laqué noir et or. A Chioin-in, les chandeliers en forme d'ibis, les lotus en métal doré tranchent sur le bois grisâtre. Près de l'entrée, un brûle-parfums carré, d'un art ancien, d'une belle ligne. La bonzerie de Nishi Hongwanji, le château de Nijo étendent leurs salles majestueuses, grandies par l'absence de meubles, et révèlent dans le demi-jour le mystère de leurs peintures sur fond d'or, la diversité de leurs plafonds où les solives se croisent, plaquées de métal, incrustées d'or, encadrant des fleurs, des animaux, des ornements aux couleurs vives. C'est riche, mais sans surcharge et sans excès.

Kyôto, 21 août.

Le fleuve plat, sablonneux, se couvre de plates-formes basses, où l'on s'accroupit pour boire le thé. Une sorte de foire encombre les berges. Les lampes de papier brillent en longues lignes sinueuses parmi l'eau sombre. Un ciel lunaire, presque pâle, laisse deviner la masse opaque des collines piquées de lumières, la saillie pittoresque des arbres.

Danse de guécha[*], très chaste sous les longues draperies raides et amples. Une ou deux figures vraiment fines. Ondulations de poupées, effets d'éventail. Attitudes gracieuses se succédant sur des airs mélancoliques, archaïquement simples, en mineur. Voix grêles et parfois aiguës, de la déclamation scandée et traînante plutôt que du chant. C'est mignard et exotique, oriental sans lasciveté, et l'on resterait des heures à rêver, allongé sur sa natte, en regardant ces frêles marionnettes.

Elles étaient sauvages et apeurées comme de jeunes chattes, mais je commençai à leur dire la bonne aventure, et toutes, anxieuses, me présentèrent aussitôt leurs mignonnes mains.

22 août.

Des rizières vert tendre, absolument unies, les montagnes surgissent à angle vif, comme elles sortiraient de l'onde; elle sont assombries par les ombelles des pins, par les cimes des cèdres, éclaircies par les plumets légers des bambous.

De temps à autre, un large fleuve plat, sablonneux, sans vallée.

Très rapprochés comme aux environs de Yokohama, très propres, mais avec moins de toits de chaume, les villages jettent une note pittoresque parmi leurs arbres tortueux, et leurs bambous touffus.

Osaka, toute basse sur la plaine, élève la forêt de ses cheminées fumantes.

La rue des théâtres à Kobé, le soir. Lampions, illuminations ; des piétons plein la chaussée. La foule joyeuse, en fête ; toutes les petites Japonaises aux kimono clairs ou sombres rient comme des folles. Gaieté sans ivresse, exubérance d'un peuple sobre, artiste, encore jeune, que tout amuse et réjouit.

23 août.

Le Japon est comme ces femmes qui, au premier abord, ne vous paraissent qu'agréables, et qui peu à peu vous attachent par des liens insoupçonnés.

VI

J'étais au club, avec un lieutenant de vaisseau. La chaleur tombait, humide et lourde : nous buvions le thé sous un ventilateur.

Mon compagnon eut un léger sursaut : vers nous s'avançait un grand garçon maigre, entièrement rasé, nous fixant de ces yeux sans éclat et comme dépolis, qui peuvent masquer toutes les faussetés. Dès qu'il nous eut dévisagés, il tourna court. « C'est bien mon homme », me dit le marin, et il me raconta l'histoire que voici :

Quelques semaines après la délivrance de Péking par les troupes alliées, j'étais enseigne à bord du ***, commandé par un vieux loup de mer, au langage savoureux et rude : franc, sans

méfiance, toujours le juron aux lèvres, bon enfant sous ses airs brusques. Nous allions quitter Chang-haï pour cingler vers le nord, lorsqu'un grand jeune homme glabre, rasé à l'anglaise :
— le même que vous venez de voir, — fit passer sa carte :

GILBERT DE RESIS

secrétaire d'ambassade.

Le commandant le reçoit :
— Bonjour. Eh bien ?
— Commandant, je suis secrétaire d'ambassade.
— Oui, oui. J'ai vu.
— J'ai reçu l'ordre de rejoindre Péking au plus vite. Ne pourriez-vous me prendre à votre bord ?
— C'est bon. Dépêchez-vous. Nous partons

demain matin à quatre heures. Si vous êtes en retard, tant pis. Au revoir.

Puis, à part, se tournant vers moi : « N'y a pas à s'y tromper : a-t-il l'air assez Carrière ! »

Peu de temps après, on apportait deux superbes malles en cuir avec les initiales : G. R. et une couronne de comte. Le commandant se gratta l'oreille : « Nom de D. ; où allons-nous le mettre, ce secrétaire ? secrétaire de quoi ? de première, de seconde, ou de troisième classe ? C'est embêtant. On ne peut pourtant pas le lui demander. Mangera-t-il au carré, ou dois-je le prendre à ma table ? »

Sur cette délicate question d'étiquette, personne n'osa donner de conseil.

Vers six heures, arriva, tout sémillant, notre diplomate. Il salua le commandant, demanda s'il n'était pas en retard pour le dîner,

— Non, non.

et émit l'intention de manger chaque soir à la

table du commandant, et chaque matin au carré.

Le commandant grogna d'un air satisfait, en voyant la difficulté résolue. Et nous partîmes.

Tout allait pour le mieux : excellentes relations de tout le monde avec l'hôte nouveau, brillant causeur dont la conversation rompait la monotonie de notre existence coutumière.

A Tché-fou, le commandant dit au secrétaire :

— Nous allons à terre. Descendez-vous ?

— Non, commandant.

— Il doit y avoir là un de vos collègues ; vous n'allez pas lui dire bonjour ?

— Ce n'est qu'un interprète, laissa tomber le seigneur de Résis, avec un dédain très supérieur.

— Bon, bon.

Mais à Tien-tsin, nous n'avions pas plutôt touché le rivage, qu'ayant dit des adieux rapides, et cavalièrement remercié, le secrétaire plia bagage et disparut.

Le commandant s'en fut chez le consul, et, la conversation engagée :

— Au fait, j'ai amené ici un de vos collègues.

— Ah?

— Vous ne le saviez pas? Parbleu, aux Affaires étrangères vous êtes toujours les derniers renseignés. C'est un secrétaire qui s'en va à Péking. Il a de l'allure, le lapin; l'air très « Carrière ».

— Je n'ai entendu rien dire. Il se peut que l'on ait envoyé quelqu'un de Paris. Son nom?

— Son nom? Cré nom de... Voyons; ah oui! Gilbert... Gilbert de Résis; et un comte, s'il vous plaît.

— Connais pas.

— Gilbert de Résis. C'est bien cela. Vous ne connaissez pas? Mais vous ne les connaissez pas tous?

— Nous allons regarder l'annuaire. Résis... rien. Gilbert... non plus.

— Il est peut-être nouveau dans la carrière ?

— Un secrétaire ? C'est bien invraisemblable. Les Jérôme Paturaud de notre époque aiment mieux briguer un poste de consul : c'est plus lucratif. D'ailleurs, à Péking, ils sont au complet. Il y a le noble M. de Z., le riche M. N. et le petit D. Il n'y a de place pour aucun autre.

— Nom de D. Est-ce que par hasard il m'aurait couillonné ?

— Ça ?

— Ça y est. Il m'a couillonné, ce cochon-là. Où est-il ? Il n'est pas venu vous voir ? Il ne viendra pas ?

— Ma foi non. C'est probable.

Le commandant furieux revient à bord :

— Vous ne savez pas ! Il paraît qu'il nous a tous couillonnés, ce secrétaire. Ce n'en est pas un du tout. Et dire qu'il m'a emprunté de l'argent ! Il m'a couillonné, nom de D.

Bientôt par une série de confidences réciproques, on sut qu'il avait demandé à l'un, des faux cols; à l'autre, des mouchoirs; à un troisième, des chemises, remontant ainsi sa garde-robe à peu de frais. Avec un secrétaire d'ambassade, on pouvait avoir confiance !...

— Vous a-t-il aussi tapé ? demandai-je.

— Oui, d'une douzaine de chaussettes.

— Et sut-on jamais qui était cet escroc ?

— Le consul fit discrètement une enquête, et apprit que le prétendu diplomate avait un engagement dans une compagnie de chemins de fer ou de mines, au nord de la Chine. Mais notre commandant ne voulut pas que l'on poussât les choses plus loin, par crainte du ridicule. Au carré, les plaisanteries allèrent leur train : on ne désignait plus le commandant que par la périphrase de : « Il m'a couillonné ».

A quelque temps de là, se présente un homme simplement vêtu, gauche et timide, tenant une valise sans élégance, et balbutiant le nom d'un de nos plus célèbres explorateurs.

— Ah, ça, non ! hurla le commandant. On ne me la fait pas deux fois.

Interloqué, l'explorateur insiste en bégayant : le ministre de la République lui avait cependant affirmé qu'il trouverait une place à bord.

— Le Ministre? Vous vous foutez de moi. Et puis, en voilà assez, n'est-ce pas.

— Mais, commandant...

— Suffit. Avez-vous vos papiers?

Après s'être fouillé longuement sous le regard de plus en plus sévère du commandant, il tira minutieusement d'un porte-feuille crasseux des papiers fort en règle.

Le commandant les examina, les réexamina. Rien n'y manquait. « C'est bon, c'est bon. Nous vous prenons, dit-il radouci. Vous mangerez au carré. »

Et il télégraphia immédiatement à Péking

pour s'assurer que les papiers étaient bien authentiques.

— Pas commode, le commandant, nous dit le soir notre hôte, encore tout décontenancé.

Après avoir joui un peu de son étonnement, nous lui contâmes la fameuse histoire de : « Il m'a couillonné », et le dîner finit dans un général éclat de rire.

VII

En bateau Chinois

Trois petites chambres aux cloisons minces, sculptées, laquées de rouge, veinées d'or. Une large banquette cannée : c'est mon lit. L'air humide se glisse entre les planches mal jointes, à travers les étoffes qui rendent la nuit plus noire. Un bercement souple et lent qui fait rêver : j'ai l'impression de planer, de voguer dans l'immatériel. Mon âme se détache de la terre ; je m'endors.

20 septembre.

Au réveil, j'aperçois, par les vitres peintes, les rives bordées d'arbres, les maisons blanches coiffées de toits noirs. De-ci de-là, un pont délicieusement svelte : on croirait passer sous un arc-en-ciel.

J'ouvre ma porte : il fait grand jour. Au premier plan, se balancent les deux torses nus de nos bateliers qui godillent. Le lauda a ce nez aquilin, ce profil mince, qui donnent à certains types chinois un air très aristocratique. Sa femme est une commère plantureuse et robuste. L'enfant (deux ans), surchargé de vêtements sordides, porte un bonnet brodé d'or, semé de taches, et couvert de crasse. Tout ce monde loge à l'arrière, dans un réduit moitié en plein air, moitié soupente, parmi les ustensiles de ménage et de cuisine, les vivres et les canards.

La buée, d'une blancheur étincelante, absorbe le soleil. Nous croisons des bateaux sculptés où Chinois et Chinoises naviguent vers le plaisir.

Une muraille grise, crénelée, se mire dans de larges eaux claires : Sou-tchéou la belle va nous accueillir, Sou-tchéou, autrefois capitale, avec ses remparts, et ses seize portes, huit pour les jonques, huit pour les palanquins ; Sou-tchéou, bâtie comme Venise parmi les canaux, entourée de jardins, de collines, de pagodes sonnantes. Sou-tchéou, patrie des chanteuses aux fins minois, qui s'accompagnent elles-mêmes sur la guitare.

Là-haut, disent les Chinois, le paradis ; ici-bas, Sou-tchéou et Hang-tchéou.

Une porte voûtée ; des marches.

Agiles, pieds nus, de petits ânes grimpent et descendent. Leurs grelots titinnent. En selle.

Nous trottons par les rues étroites, aux boutiques pleines de porcelaines, de coffrets, d'éventails, de soies brodées, de fourrures. Les balcons de bois nous surplombent. Les jarres, les étals de fruits, de mangeaille encombrent le sol. A chaque pont que l'on traverse, une enfilade de maisons se mirent dans l'eau. Le pas des ânes claque sur les dalles. Un sentier herbeux serpente entre les murs arides. Voici de nouveau les échopes, les soies, les ivoires, les bronzes, et des forges avec les hommes nus.

Un haut portail de pierre finement ajourée, couronné de deux toits, les coins relevés vers le ciel. Des cours carrées, centrées de brûle-parfums en bronze. C'est le temple de la cité. Les gardiens en bois peint nous ont toisé de leur regard torve, celui-ci, la bouche tordue et refrognée, l'autre les dents menaçantes. Dans le demi-jour des salles, un énorme tambour, des chandeliers pour les baguettes d'encens, et, adossés à chaque muraille, des mandarins en robe noire, coiffés d'un chapeau à ailettes, tenant en guise de sceptre un manuscrit roulé. Ils ont la figure animée, prête à parler, comme vivante. Leur costume sombre saisit et fait froid. A la fois solennels et sans façon, on dirait des croque-morts en goguette.

Des ruelles où l'on sent la cuisine ; des ponts qui font le gros-dos. Un policier chinois, vêtu d'une vareuse kaki, me salue militairement, et me lance un aimable : good morning !

Une grande place, encombrée de marchands ; à gauche, un restaurant dont la terrasse aux tables carrées s'approfondit vers l'intérieur sombre. Au delà d'un escalier bas, à balustres de pierres fichées droit ou assemblées en travers comme des poutres, le temple, majestueux, avec ses toits qui se posent l'un sur l'autre, tels d'immenses oiseaux planeurs. Des personnages gigantesques, aux gestes sobres, au visage sévère, s'inclinent vers l'autel, immobiles, en prière ; plus loin, les dieux dorés, aux multiples bras.

Un mendiant se vautre dans la cour, sans mains, sans pieds, la chair aussi déchirée que les haillons qui la plaquent et semblent ne faire qu'un avec elle : poème de couleurs dégradées, patinées par le soleil et par la boue ; reflets indescriptibles, admirables, comme ceux des vieilles pierres et des eaux sales.

Derrière la cour, beaucoup de bouddhas, aux attitudes et aux expressions les plus diverses, tous alignés dans d'étroites chapelles. On dirait un jeu de massacre fantaisiste et désopilant.

Les rues s'éclaircissent.

Une pagode à clochettes, haute, svelte, octogonale escalade le ciel. Les murs sont blancs de chaux. Les fenêtres s'élargissent au sommet comme des ogives mauresques. Certaines portes ne sont que d'énormes cercles entamés par le bas.

Dans une atmosphère blanche, Sou-tchéou indéfiniment s'étale, nette, unie, ville grise et plate, entremêlée d'arbres arrondis. Les toits des maisons s'inclinent vers la cour, forment un entonnoir, et l'œil plonge par en dessous : point n'est besoin d'Asmodée pour voir vivre les habitants. Au loin, les murs crénelés, le large fossé d'eau claire. Encore plus loin, les collines sombres. Le silence. C'est très simple, et c'est presque infini. Il semble que le temps s'arrête et que l'espace recule.

21 septembre.

Dans l'air humide et tiède des canaux, nous voguons à la godille. Les maisons d'un bois noirâtre nous surplombent, irrégulières et floues comme un décor ; elles tendent vers l'onde des escaliers sans rampe, longues dalles hérissant la berge, posées sur le vide.

Des bateaux amarrés, avec leurs tresses de jonc plat, entassées, rapiécées, variant du jaune clair au brun sale, et tout un fouillis d'ustensiles et de gens confondus.

Les ponts s'allongent ou se courbent de place en place, bâtis en poutres de pierre.

Sur les rives, les arcs de triomphe * élevés à la mémoire des morts. Ils sont ajourés, contournés, ornés d'écritures, hérissés de queue de dragons.

Çà et là, un Chinois, accroupi au-dessus de l'eau, exhibe impudemment son potiron jaune.

Un temple très ruiné ; au centre, deux couloirs se coupant à angle droit ; à l'entour, une galerie de dieux dorés ou couleur terre cuite, qui tiennent des enfants, des outils, allongent démesurément les bras, ou tortillent leurs figures en grimaces. Ce sont les Cinq Cents disciples du Bouddha. Celui-ci laisse pendre ses sourcils jusqu'à sa bouche. Beaucoup sont en train de rire ; quelques-uns sont fâchés. On a envie de leur dire bonjour, tant ils semblent familiers. Leur ventre bombé est un présage de bonne humeur : ils prendront bien la plaisanterie.

Arrivé au couloir central, j'aperçois un énorme Bouddha doré, aux mille bras grêles : il y en a quatre ainsi, se tournant le dos deux à deux, formant le carré. A l'autre bout, une sorte de nuage bleuâtre, massif, comme une vague pétrifiée, où nagent des êtres humains, agglomérés en grappes.

Quelle collection bizarre d'idoles ! C'est sauvage. Ici, dans un groupe, deux éléphants dorés. L'Inde n'est pas loin. Certaines attitudes et certaines formules se répètent ; la tradition religieuse semble avoir été particulièrement fixe et stricte. Il serait intéressant d'étudier la physionomie de tel ou tel de ces bienheureux à travers l'art indou, chinois et japonais.

Ici, des jardins, c'est-à-dire de longues galeries couvertes, ajourées suivant la plus brillante fantaisie, avec une virtuosité de lacis, d'enchevêtrements, de découpures ; des cours pleines de rochers, des eaux qu'ombragent les lotus à larges feuilles pâles, à fleurs roses ; de grands arbres, tous différents ; des volières ; des lieux de repos où les vitres de nacre tamisent un jour doux et rêveur.

Parmi les îles, les pavillons en bois sculpté dessinent des arabesques ou des grecques. Dans l'onde transparaissent les poissons goulus et les tortues massives. Au-dessus, les ponts serpentent ou marchent en zigzags.

D'énormes oiseaux; des fleurs.

C'est calme. Cela repose le corps et façonne l'esprit à des idées inconnues. C'est inquiétant comme un problème d'algèbre, mystérieux comme un labyrinthe. On y respire un singulier amour des choses rares. Les allées couvertes, pavées en mosaïque, les eaux poissonneuses, les tables toujours prêtes, ramènent l'imagination vers le

luxe coûteux et raffiné de l'ancienne Rome. On
nous sert le thé vert mêlé de jasmin, et toutes
les cinq minutes on nous apporte des serviettes
imbibées de vapeur, pour nous éponger le visage.

La Pagode du Tigre, sur un coteau, domine
les ruines, les rocs entaillés d'inscriptions géantes, à demi effacées, un petit temple carré avec
quatre piliers carrés, des architraves sculptées
à jour et un toit de pierre formant calotte. Avant
les Japonais, les Chinois amenuisaient la pierre
et l'ajustaient ainsi que du bois. Avant eux, ils
assombrissaient les sanctuaires, dressaient la
sveltesse des pagodes, et bâclaient des maisons
dont l'unique étage sort d'un premier toit en soulevant le second comme un couvercle. Mais, lorsqu'on revient du Japon, quelle impression différente : en Chine, une ambiance plus morte,
une fantaisie moins aérienne et moins mouvante,
plus de durée, de majesté : de la grandeur.

Une atmosphère de pays très vieux, habité par des gens calmes, qui ont le sens de la politesse, de l'art, et le respect du passé.

L'air est pur, chargé de fraîcheur. Les détails des arbres se dessinent au loin avec un admirable relief. Sur les eaux lisses et blanches, coupées de lotus, le soleil couchant met des rougeurs vives. Les collines bordent l'horizon sous l'incarnat du ciel. Le calme. Quelques vols d'oiseaux; le plumage bleu d'un martin-pêcheur. Des bateaux-maisons, rouges et or, glissent comme dans un rêve. Là-bas la pagode du Tigre montre sa haute silhouette penchée, drapée de verdure.

Il y avait une fois un consul étranger dans une ville chinoise. C'était au temps où l'ithsme de Suez n'était pas encore percé. Le consul, qui résidait depuis vingt ans parmi les Célestes, et que les exigences de la carrière condamnaient à vivre dans des cités parfois bien monotones, avait une passion : il collectionnait les oiseaux empaillés. A grands frais, il en faisait venir du Japon, de la Corée, et jusque des îles de la Sonde. Aussi, n'ayant jamais une piastre de reste, négligeait-il annuellement de payer son loyer. L'immeuble du consulat appartenait aux missionnaires, et ceux-ci, par égard pour un de leurs protecteurs officiels auprès des autorités chinoises, ne se permettaient pas la plus petite réclamation. Mais, la patience des bons pères, tout comme celle du Père Eternel, est loin d'être une forme de l'oubli ; tôt ou tard le temps vient où il faut régler ses comptes. Une telle perspective ne laissait pas d'inquiéter notre consul. Voici l'expédient qu'il imagina pour se mettre en règle.

Derrière le jardin s'étendait un champ, meublé de tombes chinoises. Il y en avait en long, en large, et en travers : les unes, faites de terre amoncelée ; les autres, maçonnées autour des cercueils. L'herbe y foisonnait librement ; et, se glissant entre les pierres disjointes, les lièvres allaient gîter parmi les ossements. De temps à autre, le consul faisait appeler un Chinois misérable, et, lui montrant dix piastres en argent : de quoi acheter du riz à toute une famille pendant six mois, il disait : « Voici un papier déclarant que ce tombeau est celui de ton ancêtre, que tu m'autorise à le déplacer, et à disposer du ter-

rain. Si tu signes, les dix piastres sont à toi. »
Le Chinois, sans laisser bouger un muscle de
son visage, lisait, signait et empochait. Il est des
scrupules auxquels un pauvre hère n'a pas les
moyens de s'arrêter. D'ailleurs, si Confucius* a
commandé à chacun de vénérer ses ancêtres,
a-t-il parlé de ceux des autres ?

Lorsque notre collectionneur eut recueilli
autant de ces étranges certificats qu'il y avait
de tombeaux derrière le mur, l'évêque des missions vint à passer en tournée pastorale. Il fut
reçu au consulat, parmi les oiseaux empaillés,
avec tout l'apparat qui convenait à son rang.
Entre le café et le cigare, son hôte lui dit : « Monseigneur, d'après les apparences, je suis votre
débiteur pour une bien grosse somme ; mais à
dire vrai, nous sommes quittes. Les arrière-petits-fils des morts qui dorment alentour ont renoncé,
moyennant une juste indemnité, à la propriété
des tombes. Voici les certificats authentiques

qui doublent la valeur de votre immeuble. Je vous les remets en paiement du loyer. » L'évêque, dont la fine intelligence avait encore été aiguisée par un long séjour en Asie, prit les papiers, et répondit : « Monsieur le Consul, vous avez tenté une œuvre bien hardie : les croyances qui obligent les Chinois envers leurs morts sont si répandues et si fortes, que nous n'osons en dispenser nos catéchumènes, car il est fâcheux de s'exposer inutilement au mépris de tous. Cependant, je vous tiendrai quitte, lorsque les autorités chinoises, compétentes pour sanctionner les ventes de propriétés, vous auront accordé leur visa. »

A quelque temps de là, le consul mourut. Une longue note de loyers fut présentée avec succès à son gouvernement : les vrais propriétaires des tombes avaient porté plainte. Le nouveau consul, arrivant tout droit du Libéria, était à peine consolé de trouver en guise de meubles

toute la faune d'Extrême-Asie, que les missionnaires sollicitèrent sa gracieuse intervention :
« Il s'agissait d'obtenir justice du taotaï : un indigène sans vergogne n'élevait-il pas ses prétentions jusque sur le jardin consulaire, parce que son trisaïeul y était enterré ? » Indigné, notre apprenti-ès-mœurs chinoises ne s'inquiéta guère de savoir si la réclamation était fondée. Se croyant encore chez les nègres, il multiplia les démarches et les menaces, feignit de violentes colères, et se heurta à l'éternel sourire du mandarin. Ce dernier, un vieux lettré blanchi par l'âge, répétait avec le plus grand calme, que les descendants des morts n'avaient pas tous abandonné leurs droits, qu'un arrière-neveu protestait, que d'ailleurs les tombes étaient inviolables. Quelque dix ans s'écoulèrent sans que le litige fût vidé. Enfin, lorsque la dernière aigrette empaillée par feu M. le Consul tomba à son tour en poussière, victime d'insectes impitoya-

bles, un mandarin besoigneux et complaisant, en réglant d'un trait de pinceau toutes les requêtes en souffrance, accorda aux missionnaires étrangers la terre pieusement mais vainement réclamée par les petits-fils des morts.

Et voilà comment, pour qui sait attendre les cailles font des petits.

Chang-haï, 2 octobre.

Rêvant à demi, je revois Sou-tchéou, sa grande muraille carrée, immense, basse, crénelée ; de l'eau tout autour, pas un fossé, un vrai canal. Les canaux plus petits, comme à Venise, surplombés par des maisons pittoresques, traversés par des ponts en dos de chat. Les ruelles où l'on s'égare à pied, parmi des milliers d'échopes, pleines de soies, de bibelots, de porcelaines. Les pagodes remplies de bouddhas peints, gesticulants ou immobiles, qui semblent vivre. Et que de choses, et quelle atmosphère de pays vieux, qui comprend la vie, un peu comme les anciens Romains devaient la comprendre : la même autorité du père de famille, la même situation de la femme, et cette quiétude des peuples païens, faite à la fois de résignation, de fatalisme, et d'amoralité. On sent que le Christianisme n'a pas apporté son ferment d'intolérance et de révolte, son besoin d'égaliser et de niveler.

VIII

15 octobre.

Quel contraste entre la rudesse de presque tous les Européens venus à Chang-haï et la politesse des Chinois. En revanche, ces derniers ont la ruse et la fourberie d'un peuple qui n'aime pas la lutte. Ce sont des ultra-civilisés. Leur décadence a bien son charme : elle tranche agréablement sur la rapacité insolente de certains businessmen.

La concurrence est plus âpre que dans nos pays; on veut faire fortune plus vite. Un Anglo-Saxon me disait aujourd'hui : « Je ne suis pas en Chine pour changer d'air. »

Chang-haï, 4 novembre.

L'été a passé comme un cauchemar. L'œil était obsédé par un défilé interminable de torses jaunes, desséchés par l'opium, ou crevant de graisse. Maintenant les vêtements rembourrent les poitrines, s'engoncent aux entournures, s'accumulent majestueusement sur les ventres. A l'air tiède et lourd se mêlait l'humidité croupissante des champs de riz. Un vent sec fouette la peau, aussi délicieux qu'une douche froide. La nudité des têtes rasées, imberbes, se couvre de bonnets à oreillettes, en fourrure, ou de petites toques noires, rigides, à gland rouge.

De-ci de-là, un ma-fou* (cocher), menant un

cheval à l'écurie, arbore fièrement une vieille casquette.

Cinq heures du soir. Fou-tchéou road : une rue de la concession anglaise où les Chinois « s'amusent ».

Les restaurants répandent des fumets étranges. Les cuisines sont au rez-de-chaussée ; au premier étage, les salles de festins. Les cinémas invitent les clients à grand renfort de grosse caisse. Des demoiselles fardées de blanc et de rose, aux yeux bridés, attendent, groupées en rond devant les portes. Les flâneurs vont et viennent. En pousse-pousse, voici de petites chanteuses, vêtues de soie à fleurs, les cheveux en bandeaux, garnis de perles.

10 novembre.

Le calme d'un soir d'automne.

Les femmes tissent le coton sur de longs métiers, en plein air. Dans les bambous, les merles et les tourterelles s'agitent avant le coucher.

Des bruits de gong répétés. Bientôt un cortège serpente dans les ruelles étroites : des hommes noirs, portant des étendards noirs, à inscriptions blanches, se devinent dans l'ombre. Toujours des bruits de gongs, et des psalmodies. C'est un retour d'enterrement chinois.

La cathédrale de Zi-ka-wei se cache dans les ténèbres; le soleil jette un dernier rayon, là-bas sur la pagode.

Chang-haï, 20 novembre.

Je flâne dans le quartier japonais, près du port. Les boutiques sont pleines de pacotilles peu coûteuses, rapidement ouvrées, mais encore charmantes.

Des portes mystérieuses, éclairées, toujours ouvertes, donnent accès sur la propreté des tatami*; mais un paravent arrête le regard. Ici, nul Chinois, nul Européen n'est admis. Ces maisons sont pourtant très hospitalières, mais pour les seuls Japonais. Impossible de caresser même des yeux les mousmés nippones. Au contact de l'Europe, ou peut-être de l'Amérique, le Japon a appris la pruderie et la honte hypocrite. Il ne veut pas être considéré par les blancs comme immoral. La vertu de M⁻ Chrysanthème ne doit pas être soupçonnée, et ses sœurs égarées sont ramenées de tous les ports chinois vers le pays natal par des inspecteurs sévères.

5 décembre.

Au théâtre chinois.

Une vaste salle, brutalement éclairée. Des pipes, du thé, des oranges, des gâteaux. Les hommes sont coiffés de toques noires; les femmes ont des perles sur leurs bandeaux plats; leurs cheveux nattés sont retenus en chignon par une épingle d'or. Des costumes en soie bleue ou violette, à ramages.

A la scène, une histoire de brigands. Des ballets simulent les batailles. Agitant leurs grands sabres, les figurants s'abattent, se relèvent, se couchent, bondissent, souples comme des acrobates. Sur leurs pommettes fardées de bleu et de vert, s'ajustent des masques affreux, animés par le plissement des joues, par l'éclair des yeux, et qui semblent vivants. L'orchestre fait rage, mêlant les sons aigus aux coups de tambour. Voici étalées l'horreur grimaçante, les imaginations terribles que cache l'impassibilité sereine des Asiatiques.

Les acteurs sont incroyables de mimique, d'expression. Un chant bizarre et triste, sur quelques notes: un amiral qui a perdu le combat, exhale longuement sa douleur avant de se tuer.

Maintenant, c'est une comédie fine, toute en demi-teintes, en subtils jeux de scène. Une simple servante d'auberge se refuse avec les raffinements d'une précieuse. Le galant n'est autre que l'Empereur déguisé en marchand. Lorsqu'il ouvre son large manteau, pour montrer sa robe brodée de dragons d'or, la petite a peur, et se laisse emmener.

Cette coquette aux mines innocentes, aux habiles manèges, aux gestes mignards, et qui joue si bien de l'éventail, j'apprends que c'est un homme en travesti, et j'en suis émerveillé. Les mœurs chinoises, non plus que les mœurs annamites, ou japonaises, ne tolèrent les troupes mixtes : tous les rôles sont tenus par des actrices, ou plus souvent par des acteurs ; et ce fut au Japon une révolution, lorsque Sada Yakko osa se montrer sur la scène en compagnie de comparses masculins.

10 décembre.

Mon marchand de tableaux a l'air très aristocratique avec son nez mince, légèrement busqué, son front haut et droit, ses joues maigres.

Tandis que je bois le café, il entre sans faire de bruit, salue et déroule avec précaution les rouleaux de soie peinte. Il les appuie sur les sièges en rotin, ouvrés comme une dentelle. Indiqués en quelques coups de pinceau, les personnages s'estompent, les paysages verdoient, les collines en pain de sucre se dressent menaçantes vers le ciel.

Ravissantes, ces petites danseuses en robe souple, aux cheveux ornés de diadèmes d'or. Les nuances sont bien choisies. Cette dame en rose a l'air trop mièvre. Quant à ces feuillages, on dirait des épinards mal cuits.

J'offre un cigare, qui est accepté avec mille politesses, et je marchande outrageusement, en « pidgin ». Le pidgin* est un mélange de chinois, de portugais et d'anglais déformés. Avec ses trois ou quatre cents mots invariables, cette langue à la fois pauvre et riche permet d'exprimer tout ce qui est utile à la vie quotidienne. Mon marchand arrive même à lui faire rendre des finesses inattendues, et nous conversons chaque jour pendant des heures. Il me fait admirer ses tableaux jusque dans les moindres détails, agrémentant les substantifs brefs de quelques adjectifs vagues, qui dans sa bouche prennent de la couleur et du relief. Le pidgin n'est pas si facile que cela à bien parler.

Soudain, le doigt tendu, j'articule : « Moping ». — Moping ? — c'est la tache, la moisissure, la piqûre de vers, le petit trou dans la soie, tout ce que l'usure, la maladresse, le manque de soins, ou le retour de trop nombreux étés humides ont laissé comme un outrage sur la beauté fragile des kakémono. « Cette œuvre est admirable, mais moping. »

Je fais un prix. La figure de mon marchand se transforme. Le sourire s'évapore ; les yeux se ternissent ; le coin des lèvres fines s'affaisse. Le flatteur ! Ne veut-il pas me faire croire qu'il y perdra ? Je tiens bon. Peu à peu, ses prétentions baissent. Il roule le tableau ; il fait mine de partir. Mais ce n'est pas sérieux. Il revient, l'air navré, et incline la tête : marché conclu. Je paie ; il plie ses marchandises étalées, salue, referme la porte. Je l'entends compter à mon boy*, en espèces sonnantes, la commission sans laquelle nul Chinois ne franchit mon seuil. Rien à faire contre un tel usage. Les domestiques indigènes sont syndiqués*, et se désignent mutuellement les marchands récalcitrants. Quant à l'intervention du maître, elle est inutile ; aucun fournisseur évincé n'ose se plaindre.

Je regarde mes petites danseuses. La peinture à demi effacée a la grâce d'un vieux pastel. Mais, de nous trois, c'est encore mon boy, qui, sans se donner de mal, a fait la meilleure affaire.

15 décembre.

Nos classiques avaient raison : ce qu'il y a d'universel et d'éternel dans l'homme est plus intéressant que la diversité des civilisations et des peuples. Cette diversité n'est qu'apparente ; son étude n'a d'autre valeur que de nous faire connaître ce qui ne change pas. L'autre jour, au théâtre chinois, sous la mimique d'une coquette, l'identité du cœur humain m'est apparue. Les détails du costume, les caractéristiques de la race étaient comme abolis. Qu'importent la couleur du visage, un front plus ou moins plat, un nez plus ou moins flou ?

Je vois bien dans la campagne des sortes d'animaux toujours courbés vers la terre, la peau parcheminée par le soleil et par la pluie ; mais n'est-ce pas précisément le spectacle qui s'offrait à la Bruyère, dans les plaines de l'Ile de France, sous le roi-soleil ? Ici, des écoliers font des farces au maître d'école, un Céleste engraissé de science et de nourriture. Là-bas, se cognant le front contre les dalles d'un temple, un bonze prie des lèvres et non du cœur ; en face de lui, un tableau représente le Bouddha opérant un miracle devant les disciples étonnés. Plus loin, un charlatan tient la foule amusée par ses boniments; un antiquaire vend comme très vieux les bibelots qu'il a soigneusement patinés et salis. Le mandarin rêve dans sa chaise aux influences qu'il devra faire agir ; et le coolie qui le porte calcule comment il pourra impunément voler son maître.

IX

24 janvier 1911.

Le chemin de fer entre Chang-haï et Hang-tchéou : wagons à couloir central. Premières rembourrées, secondes en rotin tressé. Des tables : on sert la nourriture partout.

Les Chinois, engoncés dans leurs vêtements de soie superposés, sont gênés de manger avec une fourchette.

Le paysage : une plaine noire, coupée de canaux, semée de tombeaux en pierre qui épousent la forme des cercueils. Quelques arbres dénudés. De loin en loin les collines aux pentes rapides semblent jaillir du sol. Villages bas, entourés de meules; murailles crénelées, grisâtres, que dominent les sveltes pagodes ; contraste des toits sombres, ondulés et relevés, et des façades blanches.

La gare est loin de la ville : les Chinois craignent peut-être que les trains ne troublent leur sommeil.

En bateau : trois pièces reliées par un couloir, cloisons de bois ajouré et doré, vitraux bigarrés. Dehors, la nuit moite, rares lumières traçant sur l'onde de longs reflets, maisons chinoises devinées avec leurs murs et leurs toits bas, leurs cours, et des arbres à tête plate.

Hang-tchéou, 25 janvier.

Belles murailles crénelées ; doubles portes aux triples toits superposés ; longues rues interminablement étroites, à demi couvertes par les auvents des maisons basses, garnies d'échopes que des volets de bois ferment le soir. Aux éventaires, sous les balcons, l'éclat doré des mandarines.

Quelques canaux où plongent des murs pittoresques, mais Sou-tchéou évoque davantage Venise. Pillée, ravagée, Hang-tchéou est loin d'avoir les douze mille ponts comptés par Marco Polo[*] dans l'antique Guinsaï, et vainement on y chercherait les quatorze mille étuves : « Chapi-
« tre CIX. — Lorsque tu t'en vas de Singui,

« tu chemines cinq journées trouvant des villes
« et de nombreux châteaux, et puis tu trouves
« la noble cité de Guinsaï, et c'est la plus grande
« et la plus noble qui soit au monde. — Cha-
« pitre CX. — Moi, Marco, j'ai été dans cette
« cité et me suis enquis de ses conditions. Elle
« mesure cent milles de tour, et a douze mille
« ponts de pierre si hauts que par en dessous
« passe un grand navire. Il y a tant de ponts
« parce que la ville est toute sur l'eau comme
« est Venise. En cette cité, par une belle cou-
« tume, il sied à chacun de faire le métier de
« son père et de ses devanciers. En cette cité,
« il est un lac d'une circonférence de trente
« milles; autour du lac sont les plus beaux palais
« qui soient au monde, et au milieu, il y a deux
« beaux palais. Ceux qui veulent faire des *noces*
« vont à ces palais, et là, tu trouves tous les
« fourniments qu'il faut pour faire des *noces*.
« En cette cité, il y a beaucoup de petites ter-

« res ; par toute la région, on emploie de la
« monnaie tartaresque en papier. A chacun de
« ces douze mille ponts se tiennent dix gardes,
« afin qu'aucun mal ne se fasse, et que la cité
« ne se rebelle point. En la ville est une grande
« montagne, sur laquelle est une haute tour, et
« sur la tour est une cloche[1] grande que l'on
« sonne pour le feu, ou pour d'autres raisons,
« et les rues sont toutes pavées. Le Grand Khan
« la fait moult bien garder. En la cité sont bien
« quatorze mille étuves, et les hommes sont très
« galants et aussi les femmes. »

(Marco Polo, Venetiano. — Delle Meraviglie del Mondo per lui vedute.)

[1] Plus exactement : un « gong » (tavola).

26 janvier.

A cheval, je traverse Hang-tchéou : les rues dallées, étroites, aux échopes sans vitres ; les portes ouvrant sur les réduits de défense.

Ma selle chinoise n'est guère confortable ; de simples ficelles, d'ailleurs trop courtes, soutiennent les étriers. Le ma-fou* trotte à côté de moi et me sert de guide.

Le lac Si hou est tout blanc sous la brume lumineuse, parmi les collines abruptes, surmontées d'un pavillon à jour, et d'une haute pagode droite comme un menhir, avec un bouquet de feuillage qui la coiffe de travers.

Partout des jardins et des temples.

Un pont à balustre de pierre traverse un bassin. Les dragons enroulent leur queue autour des obélisques. Derrière la porte, dans des cages en pierre, quatre statues de fer. Mon guide les regarde, et crache avec mépris : « Ce sont les meurtriers de Yo Fei ». Une allée de personnages et d'animaux conduit à la table massive et à deux tombes en forme de dôme parmi les cyprès : « C'est le tombeau d'Yo Fei ». Un temple magnifique avec des personnages immobiles. Mon guide, pieusement, allume une baguette d'encens, devant « l'autel d'Yo Fei ».

— Quel est donc ce Yo Fei ?

— Le ministre éternellement loyal et fidèle, le plus ferme appui du trône. Il fut méconnu et trahi.

En ce temps-là, l'Empire luttait sans merci contre les barbares du Nord (les Mongols). Ils avaient pris Pien-léang, la capitale, et fait prisonnier l'empereur Tchin-tsong et toute sa famille. Après quelques années, le frère cadet de l'empereur, âgé de dix-huit ans, réussit à s'échapper, traversa le Yang-tseu sur un miraculeux cheval de boue, et aperçut près de la rive un fantôme qui lui dit : Marche vers Hang-tchéou, monte sur le trône, et règne à la place de ton frère. Il obéit, et devint empereur sous le nom de Kao-tsong.

Mais que vaut un souverain sans royaume ? Les barbares avançaient toujours à travers le pays riche comme un jardin. Parmi les rizières, les villages étaient si pressés, que l'on pouvait échanger des flèches de l'un à l'autre. Les fermes isolées se cachaient parmi les bambous et les mûriers. Pillant les récoltes, massacrant les habitants, les Mongols s'approchaient de Hang-tchéou, et déjà le jeune monarque tremblait dans son palais, au milieu de ses courtisans.

Alors Yo Fei parut, avec une poignée d'hommes braves et résolus. Il se mit au service de l'Empereur, et gagna batailles sur batailles. Sa troupe s'enflait et progressait comme un torrent. Son nom seul faisait fuir les envahisseurs. Il refoula Y-tchou, le général ennemi, de l'autre côté du Fleuve Bleu. Avant de se lancer à sa poursuite, il rassembla ses guerriers, et leur dit : « Nous allons droit sur la capitale mongole ; encore trois jours, et nous nous régalerons de vin et de thé dans le palais. »

Mais, à Hang-tchéou, près de l'Empereur, il y avait un ministre félon qui s'était vendu aux barbares. Kouei — c'était son nom — insinua à son maître : « Que nous importe le territoire situé entre les deux fleuves ? », et ayant fait revenir le général Tchang Tch'ouen : « Sans lui, dit-il, le succès est impossible. Mieux vaut rappeler toutes les troupes. » Kao-tsong se laissa persuader, et Yo Fei reçut douze fois en un jour l'ordre pressant de battre en retraite. Pleurant de rage, il se tourna vers l'Est : « Empereur, j'ai travaillé dix ans pour faire une armée ; tu la détruis la veille de la victoire », puis, docile, il rebroussa chemin. Derrière lui, les provinces retombaient au pouvoir des ennemis. Kao-tsong envoya contre eux deux puissantes armées, avec des généraux habiles ; elles se replièrent sans combattre.

La situation était dangereuse, mais un sauveur restait : Yo Fei. Supplié de reprendre le commandement, très chevaleresquement il accepta, et à cette seule nouvelle, les Mongols s'enfuirent épouvantés. Alors Y-tchou, leur chef, écrivit au ministre Kouei, pour lui rappeler les anciennes promesses : « Vous parlez de paix soir et matin, et Yo Fei va prendre les provinces du Nord ; si vraiment vous voulez la paix, il faut que Yo Fei disparaisse. » Kouei paya un faux témoin, et lui, le traître, il accusa Yo Fei de trahison. Feignant une grande inquiétude, il le fit arrêter en toute hâte. Amené, Yo Fei se mit à rire, disant : « Le ciel et la terre connaissent la loyauté de mon cœur. » A l'audience, le juge le fit déshabiller, et montra sur son dos, tatoué en larges caractères : t'sing-tchong-pao-kouo (le protecteur pur et loyal du royaume). « Depuis son enfance, conclut-il, cet homme n'a eu qu'un but : sauver sa patrie », et il refusa d'examiner l'affaire de plus près. Mais on trouva un magistrat complaisant, qui fit emprisonner Yo Fei, en attendant le prononcé de la sentence. Un an passa sans que Yo Fei fût même interrogé. Ayant besoin de lui pour défendre l'Etat en péril, l'Empereur réclama un exposé écrit des charges relevées par le juge.

Kouei, embarrassé, eut recours aux conseils de sa femme. Celle-ci, en train de sucer le jus d'une orange : « Ecrivez au gardien de la prison, dit-elle, il n'osera vous désobéir. Commandez-lui de prendre les trois captifs, lorsque le monde entier sommeille, de les étrangler en secret, et d'ensevelir leurs corps dans le jardin. » Kouei écrivit, scella lui-même la lettre, la glissa dans l'écorce vide que sa femme venait de jeter.

Enchanté de recevoir un présent du ministre, le geôlier mordit l'orange et fit la grimace, en trouvant l'étrange contenu. Il hésita, mais l'ordre était formel. Prenant Yo Fei, son fils, et son gendre, il leur lia les mains et les pieds, les traîna dans le jardin de la prison et les étrangla.

Lorsque le peuple apprit la mort de son héros, il fut soulevé d'indignation, mais, incapables de le venger, les pauvres gens continuèrent à peiner, tandis que des félons et des meurtriers les gouvernaient. Il fallut attendre l'avènement de Hiao-tsong, pour que justice fût faite. Appréciant la valeur et le patriotisme de Yo Fei, le jeune Empereur lui conféra le titre de prince, le nomma « l'Appui inébranlable du Trône », lui donna une sépulture digne de son rang, lui bâtit un autel.

A l'entrée du tombeau, les deux cages de

pierre renferment les effigies maudites: le ministre Kouei et sa femme; le général Tchang Tch'ouen qui abandonna Yo Fei, et Mo Tche-souei, le juge qui l'emprisonna.

Hang-tchéou, 27 janvier.

Je suis retourné sur le lac. Dans toutes les îles, des temples et des jardins à la mémoire des morts.

Li tseu-t'ang : belles galeries avec portes en arcade, en cercle, ou d'une forme originale, impossible à définir ; fenêtres où les motifs gracieux s'enchevêtrent, où le sculpteur a perché des oiseaux, enlacé des branchages, épanoui les fleurs. On dirait qu'une liane sauvage a poussé ses tiges, ses verdures, ses pétales derrière les cintres et les polygones à jour. Au coin des toits relevés s'élancent les guirlandes légères. Les pavillons offrent leurs tables prêtes ; leurs murs sont ornés d'inscriptions, de montagnes peintes, et de feuillages.

C'est là que le gardien du temple nous a permis de déjeuner. Nous étalons nos viandes froides, il nous apporte le thé brûlant. Sa femme et ses filles s'approchent tout doucement, encore plus curieuses que timides, et nous contemplent avec des yeux ronds ; il y a si peu d'Européens à Hang-tchéou ! A la plus jeune, nous offrons des gâteaux ; elle les prend, les examine et se sauve pour les manger.

Dans un petit temple abrité sous les camphriers aux troncs lisses, un bouddha tient un lézard ; un autre laisse pendre ses longs sourcils ; celui-ci chevauche un éléphant ; celui-là un dragon bleu.

Sur la cour, les appartements des bonzes, meublés à la chinoise, avec des tables et des chaises carrées, des tableaux représentant les miracles bouddhistes, avec des calligraphies, des pierres bizarres.

Le soleil de janvier caresse les pêchers et les camélias en fleurs.

Le Sin kong fut bâti par Kien-long *, un des Empereurs mandchous les plus illustres. C'est une suite de pavillons parmi les jardins. Arrivé au trône en 1735, presque un siècle après que ses ancêtres avaient renversé la dynastie chinoise des Ming, Kien-long, dès l'âge de vingt-cinq ans, montra qu'il avait la bravoure, la droiture et la générosité de K'ang-hi son grand-père. Il reprit les traditions guerrières quelque peu abandonnées pendant le règne de Yong-tcheng; réprima la révolte du Ho-nan et du Kouang-si, vainquit les Mongols, et réduisit leur chef, Amursana, à demander asile au Tsar. Ses troupes conquirent le Turkestan, entrèrent triomphalement à Kachgar où le peuple, à genoux sur leur passage criait : « Vive l'Empereur de Chine. » La Birmanie dut payer un tribut triennal, qu'elle continua pendant plus d'un siècle, et même après l'occupation anglaise de 1842. Les montagnards du Sseu-tch'ouen, restés libres en plein territoire Chinois, furent subjugués. Une expédition débarqua à Formose, mais rencontra les mêmes difficultés qu'à notre époque les Japonais.

Kien-long devenait l'arbitre de l'Asie. En Cochinchine, un souverain déposé par les révolutionnaires demandait son intervention. Le Thibet implorait son aide contre les Gourkas. Il envoya des armées ; et Cochinchine et Thibet lui furent plus étroitement soumis. L'Empire Céleste atteignait le comble de la grandeur.

Une situation aussi magnifique n'avait pas été obtenue sans peine ni même sans revers. Les troupes chinoises n'avaient pas été sans cesse victorieuses. Mais Kien-long connaissait une recette infaillible pour forcer le succès : le

Comité de Salut public, en 1793, ne fit qu'imiter son exemple ; les généraux vaincus étaient de suite remplacés, puis décapités.

Non moins modeste qu'énergique, Kien-long, lors de son avènement au trône s'était choisi à lui même quatre régents qui devaient le guider dans sa tâche difficile. Il aimait les lettres et les arts, écrivit une histoire de la dynastie des Ming, et un poème sur la ville de Moukden, où ses ancêtres ont leur tombeau. (Ce poème, imprimé en chinois et en mandchou, n'eut pas moins de trente éditions dans chaque langue.)

Sa résidence préférée était Jehol, où il allait chasser, de l'autre côté de la grande muraille. Hang-tchéou lui plaisait aussi ; il y venait souvent ; et, un jour, contemplant les eaux cerclées de collines gracieuses, il s'écria : « Voici le lac du bonheur. »

Dans son palais de Péking, les Jésuites s'ingéniaient à le distraire par toutes sortes de travaux et d'inventions mécaniques. Les pères Attiret et Castiglione peignirent son portrait, ainsi que celui de l'Impératrice et des Princes du sang. Mais ils s'efforcèrent vainement de faire apprécier au Chinois les lois du clair-obscur et de la perspective linéaire, et durent adopter bientôt dans leurs tableaux les procédés de l'art national. Kien-long contrôlait lui-même tous les dessins, et les faisait changer et réformer à sa manière. Les missionnaires étaient obligés de suivre ses ordres, et d'exécuter les corrections, bonnes ou mauvaises. Leur chef-d'œuvre le plus admiré fut une pièce d'horlogerie : lorsque l'heure sonnait, un mandarin sortait d'un pavillon, en s'inclinant jusqu'à terre ; puis il brandissait une bannière avec l'inscription : « Vive l'Empereur. »

Les présents apportés en 1793 par Lord Macartnay, venu en ambassade extraordinaire, ne firent pas une moindre impression. Il y en avait de toutes les dimensions, depuis des carrosses jusqu'à des montres. Il fallut deux cents chevaux et trois mille hommes pour les transporter de T'ong-tchéou à Péking. Cependant, pour ajouter encore à la gloire de Kien-long, le bateau qui fut mis sur le Pei-ho à la disposition de l'Ambassadeur britannique portait en grands caractères chinois la mention : « Anglais payant le tribut au Fils du Ciel. » Lord Macartnay dut se rendre jusqu'à Jehol, où il obtint une audience, au lever du jour, en même temps que les envoyés des États tributaires de la Chine. L'accueil fut aimable, mais le plénipotentiaire anglais ne put accomplir l'objet de sa mission. Il ne réussit pas mieux auprès du premier ministre Ho, homme subtil et fuyant, de très humble naissance, qui avait su gagner la faveur de Kien-long. Disgracié plus tard par l'empereur Kia-king, on trouva chez lui un trésor de cinq cents millions. L'origine d'une telle fortune semblant suspecte, il fut condamné à être coupé en mille morceaux. Par une faveur toute spéciale, il reçut dans sa prison un cordon de soie.

Le 21 septembre, Lord Macartnay quitta Jehol, non sans avoir visité les jardins du palais, et assisté à plusieurs cérémonies. La cour de Kien-long était très fastueuse, et les voyageurs de l'époque rapportèrent en Europe un récit de la fameuse fête donnée en 1752 à Péking en l'honneur du soixantième anniversaire de l'Impératrice douairière. Sur une longueur de douze kilomètres furent construits des pavillons, des restaurants, des théâtres, des montagnes artificielles :

« ... depuis la porte de la ville, jusqu'à celle du
« palais, ce ne sont que péristyles, colonnades,
« galeries avec des trophées et autres ouvrages
« éclatants d'architecture chinoise. Des festons,
« des guirlandes de différentes couleurs ; l'or,
« les diamants imités, et autres pierreries y
« brillent de toutes parts. Une grande quantité

« de miroirs d'un métal très poli, par leur cons-
« truction et leur arrangement, multiplient d'un
« côté les objets, les rassemblent de l'autre en
« miniature, pour former un tout qui charme
« les yeux, et tient les spectateurs dans l'en-
« chantement... On pratique en divers lieux des
« lacs, des étangs, avec des poissons et des oi-
« seaux aquatiques. Ailleurs, on place sur des
« colonnes des enfants déguisés en singes, en
« perroquets, avec la peau même et le plumage
« de ces animaux ; et ils en jouent entre eux
« parfaitement le rôle. D'autres sont enfermés
« dans des fruits d'une énorme grosseur, qui
« laissent voir en s'entr'ouvrant, des groupes
« dans diverses attitudes. On rencontre par in-
« tervalle des chœurs de musique, et des trou-
« pes de comédiens... » En dehors du cortège
impérial aucun spectateur n'était admis, et les
Pékinois durent rester dans leurs demeures aux
volets soigneusement clos : la loi interdit de

jeter un regard indiscret sur les réjouissances du « Dragon ».

En 1796, Kien-long, après avoir régné soixante et un ans (comme son grand-père K'ang-hi '), abdiqua en faveur de son fils. Trois ans plus tard, il mourut, à l'âge de quatre-vingt-neuf ans.

Sur les bords du Si hou, son âme est toujours présente, parmi les jardins du Sin kong, que surplombe une colline aux bambous légers. De la galerie la plus haute, elle peut voir les cours plantées d'arbres rares, les roches sveltes et découpées, les pavillons couleur d'ébène, ou teintés de vert pâle, les toits dentelés, souples comme des ailes ; les îles profilant leur bois effeuillés sur l'onde lumineuse ; enfin, l'ondulation pittoresque des montagnes noires.

28 janvier.

Sculptés à plein dans le roc, peints en rouge et en bleu, des bouddhas accroupis parmi les lotus; celui-ci, riant à faire éclater son gros ventre ; deux autres, hiératiques, à figures fines, avec un sourire mystérieux comme le bonheur du nirvanah.

Impossible de grimper plus haut sans quitter son cheval.

La pagode de Pao Chou, hexagonale, renflée, en forme de quenouille, surmontée d'une boule, d'une flèche, et de cinq anneaux en métal, repose sur des plates-formes successives. Les arbres s'accrochent au faîte. Les lézardes se creusent. Aux angles, les tourelles rondes font saillie. Sur les fenêtres murées, on devine encore des croisillons.

Hang-tchéou étend à plat ses murs blancs, ses toits sombres, au bord du miroir en argent poli qu'est le lac Si hou. Les barques minuscules glissent comme des insectes noirs. Le soleil très blanc dans un ciel pâle, à peine bleu, moire la surface des eaux qui baignent tantôt la ville, tantôt les îles aux dentelles d'arbres dénudés, tantôt les montagnes dominant la Pagode du Tonnerre. La courbe des collines s'achève sur un roc tourmenté. Derrière nous, la ville se prolonge jusqu'à la plaine semée d'arbres, infinie.

On voudrait vivre en ermite devant ces lieux, habités, aussi paisibles que le désert. Aucun mouvement trop brusque, aucun son heurté : un rêve divin qui se poursuit autour des pagodes ruinées, sur le lac endormi. On croirait un paysage éternel.

X

Chang-haï, 7 février.

Le Houang p'ou étend son argent mat sous un ciel de rubis et d'or fondu. Le Bund aux larges promenades, bordées de bâtisses anglaises, se perd dans l'éloignement et dans la nuit. Les physionomies connues s'estompent. Adieu, petites chanteuses chinoises, assises en pousse, ou sautillant sur de menus pieds; larges pantalons à fleurs, douillettes de soie au vaste col relevé, bandeaux plats aux dessins de perles, nattes enroulées, soutenues sur la nuque par une épingle d'or ; adieu, faces régulièrement plates, teintées de rose, petites lèvres, sourcils arqués par le fard, nez si minces. Adieu, jardins, arbres rares, rochers, pavillons sveltes ; toits légers, toujours prêts à s'envoler avec leurs crêtes de dragons, leurs oiseaux, leurs figures grimaçantes, leurs personnages qui se poursuivent ou se précipitent dans le vide, et le contraste des tuiles grises et des murs blancs. Adieu, la crasse moyenâgeuse, les rues sordides mais pittoresques, les plaies des mendiants, les têtes galeuses, et les échopes remplies de merveilles.

8 février.

J'ai demandé son opinion sur la Chine à Renan, ainsi qu'à Shopenhauer. Je n'ai point évoqué leurs esprits : il m'a suffi de feuilleter leurs œuvres.

Shopenhauer le désenchanté reste, comme tout bon Allemand, un réaliste, un croyant en la force brutale :

« Si la justice régnait en ce monde, il suffirait de bâtir sa maison, et avec un droit de propriété aussi manifeste, point ne serait besoin d'une autre protection. Mais l'injustice est à l'ordre du jour : celui qui a bâti la maison doit aussi être en état de la défendre. Sans quoi, il n'a *de facto* qu'un droit imparfait. L'agresseur, en effet possède le droit du poing, et c'est même le seul droit que Spinoza reconnaisse, lorsqu'il dit : « unusquisque tantum juris habet, quantum potentia valet » (tract. pol. C. 2, § 8) et ailleurs: « uniuscujusque jus potentia ejus definitur » (Eth. IV, pr. 37, sch. I). Cette notion du droit, Spinoza semble l'avoir tirée de Hobbes, notamment : De Cive, C. I, § 14 ; ce dernier n'ajoute-t-il pas que le droit du Bon Dieu sur toutes choses repose uniquement sur sa toute-puissance ? Dans les relations entre citoyens une telle conception du droit est théoriquement et pratiquement abolie ; dans les relations entre États, au contraire, elle n'est abolie que théoriquement : en pratique, elle vaut toujours. Pour avoir négligé ce principe, la Chine peut être donnée en exemple : des rebelles au dedans, les Européens au dehors, et voilà sans défense le plus grand empire du monde : Il doit expier, pour avoir cultivé uniquement les arts de la paix, et non en même temps ceux de la guerre.» (*Parerga und Paralipomena*, II, C. 9, § 123.)

Mais laissons la parole à Renan :

« ... La conception féodale, d'après laquelle le roi possédait sa couronne par le droit de l'Épée, comme le sujet possédait ses franchises contre lui, est l'inverse de la raison. S'il est au contraire une conception logique, c'est celle de la souveraineté envisagée comme une délégation de la société. L'histoire démontre que la première notion, toute absurde qu'elle est, a produit le meilleur état politique que le monde ait connu, et que la supériorité de la civilisation moderne sur celle de l'antiquité tient à ce que la royauté n'a été durant des siècles parmi nous qu'une grosse métairie, envers laquelle on était quitte une fois qu'on s'était libéré des redevances établies par les bonnes coutumes, ou consenties par les états.

« Pour voir dans tout son jour cette grande

loi de la philosophie de l'histoire, que certes la logique n'eût pas révélée, c'est surtout la Chine qu'il faut étudier. La Chine offre à la philosophie de l'histoire le spectacle merveilleusement instructif d'une autre humanité, se développant presque sans contact avec celle de l'Europe et de l'Asie occidentale, et poursuivant sa ligne avec une rigueur dont nos civilisations bien plus compliquées ne sauraient donner une idée. Or, la Chine a réalisé, dès la plus haute antiquité, le type d'une société rationnelle, fondée sur l'égalité, sur le concours, sur une administration éclairée. Le Tchéou-li, sorte d'almanach impérial du temps des Tchéou, au XII° siècle avant notre ère, dépasse sous ce rapport tout ce que les États modernes les plus bureaucratiques ont essayé. L'Empereur et les principaux feudataires sont contenus par les rites et la censure, les employés de tout grade par la dépendance hiérarchique, et par un système d'inspection perpétuelle, le peuple par l'enseignement que l'État seul a le droit de lui donner. Le système entier repose sur une idée unique, celle de l'État chargé seul de pourvoir au bien de tous. Qu'on s'imagine l'Académie des Sciences morales et politiques et l'Académie française érigées en ministères, et gouvernant, l'une les choses de l'esprit, l'autre les mœurs; on aura un aperçu assez juste de la constitution intellectuelle et politique de la Chine. L'idéal de ceux qui veulent une règle administrative des esprits a été là depuis longtemps réalisé. Quand les Jésuites montrèrent à Kien-long les erreurs de l'astronomie consacrée, l'empereur refusa de les laisser corriger, parce que cette réforme eût mis en défaut les livres classiques, et forcé d'introduire des mots nouveaux. Qu'est-il résulté de cette organisation en apparence si raisonnable, en réalité si fatale? Un état de décrépitude sans pareille dans l'histoire, où un État de cent cin-

quante millions d'hommes attend que quelques milliers de barbares viennent lui apporter des maîtres et des régénérateurs. Ce qui s'est passé lors de l'invasion de l'empire romain par les bandes germaniques se passera pour la Chine. Tout État qui sacrifie les intérêts moraux et la libre initiative des individus au bien-être va contre le but qu'il se propose : un petit nombre d'hommes énergiques, venant du dehors ou du dedans, suffit alors pour renverser un pays indifférent à tout sauf au repos, pour s'en faire acclamer, et pour fonder ainsi de nouveau la vraie noblesse, qui est celle de la force morale et de la volonté. »
(*Essais de morale et de critique.*)

XI

9 février.

Dans les montagnes, vers Moghi. Un ravin presque à pic parmi les pins sombres et les camphriers plus clairs. Tout au fond, sous une brume pâle, d'autres montagnes, blanchies par les reflets de la mer.

Un délicieux village en bois, aux ruelles sinueuses.

Le premier étage de ma tchaïa* domine la baie. La servante est une petite Japonaise aux joues roses. La flamme des réchauds caresse doucement les doigts ; on respire l'arome du thé ; entre les châssis de papier, on aperçoit les flots où se profilent des arbres pittoresques.

Deux vieilles Américaines, avides de dévorer,

font irruption et réclament vainement des langoustes.

En revenant de Moghi, à un détour du chemin, Nagasaki aux toits gris, accroupi entre les collines près d'une eau brillante comme du métal. Derrière l'ondulation des montagnes, au loin, des rougeurs de soleil.

La nuit vient. Le couchant met ses reflets d'or sur la mer argentée. Les montagnes se détachent en sombre sur la transparence du ciel. Elles se parent de lumières scintillantes dans le demi-jour.

La nuit vient toute, et seule, la lune perpendiculaire jette une clarté fantomatique parmi les rochers et la mer.

Mer Intérieure, 10 février.

La mer d'un bleu profond, le ciel d'un bleu très pâle. Les montagnes grises semées de pins noirs, sortent de l'onde. Il y en a qui montent droit comme des flammes, d'autres qui s'élancent en tourbillons. Celles-ci ondulent comme des vagues; celles-là se replient, telles des voiles soulevées par le vent. Les arbres s'accrochent, de-ci de-là, inclinés, contournés, tordus, et leurs branches semblent se fuir ou s'aimer : on dirait qu'après une gigantesque tempête, une fée a immobilisé leurs gestes pour jamais.

Le soleil disparu met à peine une rougeur derrière les montagnes ; la mer est claire, avec des ombres noires. Les barques, les voiles, les mouettes glissant au ciel mettent sur sa pâleur des notes foncées. C'est tout un paysage en grisaille, tracé par le pinceau de quelque artiste japonais, et où seules les différences d'intensité, du gris au blanc, du noir au gris, produisent les effets les plus souples et les plus saisissants.

11 février.

Kobé, dans un brouillard opaque et froid, semble un monde de fantômes. Les montagnes disparaissent ; la ville reste, et l'on s'y perd. Le port est comme un enfer humide où les sampans* glissent funèbrement, où les grands steamers seraient enchaînés à jamais.

Je suis retourné à Kyôto. Les peintures de Nishi Hongwanji dorment dans la pénombre. Pas un rayon de soleil pour éveiller leurs dorures, pour faire vivre leurs fleurs, respirer leurs feuillages. Les rues sont désertes. Le temple de Kyomitzu, à peine visité par quelques dévots, a un air misérable de bois mouillé ; il est sus-

pendu au flanc de la montagne enfeuillée, comme
un triste rêve sur un océan de brouillard. Un
dieu malin n'a-t-il pas ravi à Kyôto une des perles de sa parure, pour l'accrocher en quelque coin
perdu du ciel ? Sous les balustrades en bois, un
grand trou de brume figée ; vainement je cher-
che l'infini des toitures grises parmi les branches, et tout au loin la ligne amoureusement
ondulée des vertes collines.

Osaka, 12 février.

Le charme est rompu : le soleil est venu toucher de sa baguette les cités endormies. Le château d'Osaka incline sa cyclopéenne muraille, cerclée d'onde, parmi la verdure mate des pins ; il étale la blancheur de ses pavillons bas sous les toitures sombres, et regarde au loin la montagne, fier de sa force.

La lumière caresse les portiques des temples, les formes agitées des arbres.

La pagode de Tennoji domine la ville grise, coupée de canaux, hérissée de cheminées, encadrée de jardins, immensément étendue jusqu'au pied des collines. Elle est svelte, avec ses cinq étages, ses toits carrés, ses poutres à têtes de dragons émergeant d'une frise de nuages. Autour d'elle, des pavillons, des cloches, des pins tordus, des camphriers fantastiques.

Tôkyô, 14 février.

D'immenses rues boueuses, presque désertes, sillonnées de tramways. Maisons basses en bois; godowns en pierre, à triples volets de fer. — Des égouts à ciel ouvert; la propreté japonaise s'arrête au seuil des maisons.

Au centre de Tôkyô, les fossés et l'enceinte immense du Palais Impérial: grandes murailles grises, en ligne brisée, surmontées de pins pittoresques et sombres, de pavillons blancs très bas. — Dans le voisinage, il est défendu de bâtir les maisons en style japonais. La cour ne fait aucune distinction entre les choses européennes: ce qui vient d'Occident est également digne d'être imité; les Japonais doivent ressembler aux hommes blancs le plus qu'ils peuvent. A cette doctrine, les marchands opposent leur esprit critique et leur bon sens : « Prenons, disent-ils, à l'Europe ses canons, ses machines, ses sciences; gardons nos mœurs, nos kimono, nos maisons, et notre art. » Et c'est ainsi qu'en dehors des gens de cour, une réaction se fait contre les hauts de forme et les vestons noirs. Japonais et Japonaises conserveront leurs gracieux costumes.

J'ai visité quelques sanctuaires : Shokonsha, longue avenue, torii * en bronze rond, du plus pur style shintoïste*, jardin avec des canons éventrés. C'est là que sont vénérées les âmes des soldats morts à la bataille. — Le Temple du Sage (Seïdo), aux piliers carrés, sobre et sévère, tout laqué de noir. (La renaissance du Confucianisme * au XVIIe siècle a produit un peu la même austérité que le puritanisme en Angleterre.) — Kanda

Miojin, dédié à un rebelle qui usurpa le titre de Mikado. A la porte, les Daïjin* veillent, accroupis, armés de l'arc et des flèches. Le torii* en bronze, les pavillons de laque rouge, dominent la ville aux toits gris.

Le Temple de la Tortue* (Kameïdo), à l'ombre des camphriers, lance ses ponts cintrés au-dessus des étangs, parmi l'enchevêtrement des glycines.

Fukagawa no Fudo: pelouses avec rocailles; lanternes en bronze garnies de clochettes, dont les tintements chassent les esprits malins; pins parasols; glaives debout, la lame en l'air; portique à têtes de dragons; les ex-voto représentent de petites femmes en prières; derrière les gerbes de fleurs et les vases dorés, le dieu, entrevu à la vague lumière des cierges.

Un quartier pauvre aux demeures basses (Asakusa): une ruelle bordée d'échopes, une grande porte à deux toits. Dans le vaste jardin, les tchaïa*, les photographes, les vendeuses d'oranges, les bouddha en pierre, une pagode rouge, carrée, à cinq étages, des pavillons, de petites chapelles. Le temple de Kwannon*, rectangulaire, en bois laqué rouge, porte un seul toit à peine relevé. On entre sans se déchausser. L'intérieur est sombre; l'autel, mystérieux, avec ses lotus, ses lanternes allumées. Partout, les ex-voto, et les grandes lampes en papier. Des mousmé s'agenouillent, battent des mains, se frottent les doigts, en murmurant leurs prières. Les fidèles vont, viennent, sourient, s'attardent ou se pressent; les guéta taquent sur les talons, les kimono forment un kaléidoscope de couleurs mouvantes. Dehors, les oranges étincellent aux éventaires.

15 février.

Après avoir laissé sur le seuil mon parapluie, mes chaussures, présenté ma carte de visite, et certifié que c'est bien à la japonaise que je veux dîner, je suis admis au restaurant. Je dois grimper en chaussettes un escalier de bois. Une cloison glisse, et me voici dans une grande pièce sans aucun meuble, sur un sol moelleux en paille de riz. Les murs sont sobrement décorés. Un bouquet de fleurs honore de son élégance un kakémono déroulé qui représente le dieu de la sagesse, son crâne surélevé, et sa biche fidèle.

Avec leurs mines de chattes mouillées, deux petites servantes me saluent, m'apportent des gâteaux, du thé. (Ici, on commence par le dessert.) Elles installent une table, haute de dix centimètres, en laque noire. Je m'assieds par terre sur un coussin rouge. Et ce sont de jolis bols laqués, rouge et or, contenant successivement les cerises confites dans le sel, le potage d'algue et de viandes coupées, les huîtres sorties de leurs coquilles, le poisson grillé, puis le riz, seul plat de résistance, pour finir. Tout cela est net, coquet, présenté avec art. Impossible vraiment de satisfaire d'une façon plus immatérielle le grossier besoin que nous avons de nous repaître.

Assises sur leurs talons, mes petites Japonaises sourient de me voir manger avec des baguettes. Je sais que j'ai l'air très emprunté, mais cela m'amuse.

Que signifie cette mine effrayée. D'un geste rapide, inusité, une des servantes pose une boîte à l'envers sur le tatami*. Je la soulève, cette boîte : une superbe araignée grise s'en échappe, et court, velue, de toute la vitesse de ses petits pieds. Mines encore plus effrayées. Je renferme la prisonnière et je fais signe qu'on la mette dehors, sans lui faire de mal. On se lève, on fait une moue absolument dégoûtée, on prend dans sa manche un carré de papier, et toc, l'araignée écrasée, morte, encore plus laide, est jetée derrière le châssis qui se referme brusquement dans la nuit. Je suis scandalisé. Quoi, c'est ainsi que l'on transgresse les charitables* préceptes du Bouddha ? Ne doit-on pas respecter toutes les existences, même les plus humbles ? Savez-vous, charmante mousmé, si en cette araignée au fin corset ne revivait pas l'âme de votre arrière-grand'mère ?

Tôkyô, 16 février.

Un quartier pauvre, aux demeures basses garnies d'échopes.

Sur un arc en métal, une statue tenant une lampe. Une voie large, coupée de ruelles perpendiculaires, formant cul-de-sac : c'est le Yoshiwara*. Les maisons ont trois étages : pour le Japon, ce sont de vrais gratte-ciel. Des lanternes éclairent les balcons. En bas, de petits comptoirs où siège un homme en kimono gris, nu-tête. Sévère comme Charon, il n'admet personne sans s'être fait payer d'avance le prix du passage. Un vaste étalage à grille de bois : sur le tatami*, derrière un alignement de réchauds de cuivre, un alignement de petites femmes assises sur leurs talons, se chauffant les mains, ou fumant la pipe. Elles ont de longues épingles piquées dans leurs cheveux noirs. Ici, toutes sont en kimono noir à cravate rouge; à côté, rien que du violet; plus loin, une étoffe à ramages. Là, elles ne sont pas venues (il n'est encore que six heures du soir) : les réchauds et les coussins vides attendent devant les kakémono et les plantes vertes. Celles-ci se fardent, s'apprêtent. D'autres se tiennent immobiles, en rangs serrés, comme sur une photographie de pensionnat. La plupart, pour des Japonaises, sont déjà vieilles (trente ans), et trop fardées. Une beauté déjà mûre, passant son bras replet entre les barreaux, appelle le passant, lui sourit et le tire par la manche. C'est un sujet souvent traité par les estampes.

Quelques façades discrètement fermées n'exhibent au dehors que des portraits. Dans les cours garnies de plantes, de dragons sculptés et de paysages, les femmes, plus jeunes, aux poses hiératiques.

La splendeur ancienne est passée. Les clients ont bien pauvre mine. Le temps n'est plus où de célèbres courtisanes possédaient en ce quartier d'élégantes demeures, y recevaient leurs amis de la haute, et se consacraient à l'amour, aux belles-lettres, à la poésie. Les faveurs masculines vont maintenant aux guécha [*], logées en ville comme tout le monde, leur qualité d'artistes chorégraphiques et lyriques les dispensant d'être reléguées dans ce ghetto. Elles effeuillent en liberté les roses de leur extrême jeunesse. Dans certains restaurants où la nourriture n'est qu'un prétexte, lorsque votre conversation avec une guécha devient tout à fait galante, une servante entre discrètement, pose par terre un matelas, et se retire. Le vieux Japon disparaît, miné par l'austérité confucianiste, et par la pruderie européenne.

17 février.

La lumière se lait sur le sol couvert de neige, sur la verdure sombre des pins. Là-bas, le Fuji neigeux, aux lignes sobres, se détache, à peine bleuté.

Le ciel blanchit, les pins noircissent et le Fuji se teinte de rose pâle.

18 février.

Les Japonais furent tour à tour méprisés et admirés avec exagération. C'est un peuple intéressant, ouvert, malléable, qui a su accueillir les sciences et les industries européennes, comme autrefois il avait appris la littérature, la philosophie et l'art chinois. Le pays est joli, les costumes curieux, les temples pittoresques, et les gens... comment les qualifier ? c'est un mélange d'amour-propre, de froideur, de politesse obséquieuse et raffinée. Quels drôles de petits bonhommes : on dirait des bibelots qui se sont mis à marcher.

J'arrive dans la montagne, par la neige et par le froid. Un hôtel aménagé à l'européenne : grande bâtisse en bois, meubles en pitchpin, aspect soigné et luisant de chalet suisse. Une petite Japonaise en kimono, jolie, gracieuse, distinguée, me reçoit, fait allumer une flambée dans le hall. (Je ne serais pas mieux accueilli chez des amis.) Tandis qu'on me sert le thé, nous causons, l'anglais d'abord qu'elle parle à la perfection, puis le français : même perfection. Elle m'émerveille. Elle a l'aisance, l'enjouement d'une Parisienne. Une histoire me revient, dont elle fut l'héroïne, et où l'Européen n'avait pas le beau rôle. Cette délicieuse créature fut injuriée l'été dernier par un touriste étranger, grand, insolent, d'une noblesse peu authentique : à propos d'une question de bagages, il se fâcha, tempêta, s'écria qu'elle mentait, que tous les Japonais étaient des menteurs. Le mari, un tout petit Japonais en veston noir demande, l'air souriant, que l'on « daigne » faire des excuses à sa femme. Comme on les refuse, il enjoint au malotru de quitter immédiatement son hôtel.

19 février.

Voici Nikko. Le pont laqué de rouge s'élance du roc au roc au-dessus du torrent, et rivalise de souplesse et de grâce avec un lointain de montagnes blanches. Sur l'éclat sanglant de la laque, l'éclat immaculé de la neige. D'un côté, trois pointes hardies, blanches, garnies d'arbres dénudés, comme d'un duvet. A droite, sombres sous le ciel limpidement bleu, les cryptoméria * au tronc droit. Parmi leur colonnade sublime, les tombes et les temples.

Les enfants reviennent de l'école, avec une gaieté précieuse et distinguée. De longues robes à fleurs donnent à leurs gestes une amusante gravité. Ils sautillent sur leurs guéta, se suivent sans se poursuivre, rient sans éclats, sont espiègles sans malice. La bonne humeur et la santé animent leurs visages fins ; la sérénité de l'Asie adoucit leurs yeux.

Les cèdres semblent des candélabres gigantesques, aux branches arrondies. Ils dominent les pavillons ajourés et ciselés comme des bijoux, dont les nuances se fondent et s'irisent sous la neige ensoleillée : le temple des trois bouddhas (Sambutsu), très sobre de ligne et de couleur, avec son double toit à peine relevé, et son sorinto [*] de bronze noir; Iemitsu [*], austère en son enceinte noire, finement découpée, gardée par un dieu bleu, un dieu rouge, un dieu vert; Ieyasu [*], son pourtour laqué de rouge, sa pagode élancée, à demi cachée par les feuillages, ses portes dignes des Mille-et-une-Nuits, ses sanctuaires où dragons et phénix regardent dans le demi-jour, prêts à bondir en quelque danse de rêve.

Comment une telle richesse de sculptures, de

ciselures, de couleurs, peut-elle rester harmonieuse ? La proportion des détails est admirable. Chaque portail, chaque pavillon est conçu dans une tonalité dominante qui absorbe les nuances plus claires. L'or rehausse discrètement la laque noire. Il se prodigue sur le rouge, venant se fondre dans son éclat. Le vert clair, atténué par des sinuosités blanches, souligne l'envers des toits noirs au faîte d'or. De somptueux ornements sont assagis par une teinte grise. Le bleu pâle se mêle de blanc pour mieux se marier au rouge. Enfin la neige jette sur l'ensemble sa clarté, et poudre les dorures.

Loin des temples, dans la montagne, les tombes solitaires, avec leur portail, leur colonne en bronze, et les hautes silhouettes des arbres. C'est là que sont ensevelis Ieyasu* et Iemitsu*, tandis que leurs âmes, sur les autels magnifiques, respirent l'encens et savourent les offrandes. Ont-

elles perdu, dans un bonheur supra-terrestre,
jusqu'au souvenir de leur gloire m...elle ; oublié
les luttes victorieuses, les vassaux domptés, le
Japon unifié, les doctrines occidentales anéanties, et la floraison des lettres et des arts ? Ont-
elles frémi lorsque le dernier Tokugawa dut
abdiquer le pouvoir aux mains du Mikado ; tres-
sailli de joie lorsque les armées du Soleil Levant
ont traversé la mer, par deux fois triomphantes,
devant l'univers émerveillé ?

Le soleil s'incline. Il reluit sur la laque rouge,
parmi la neige, sous les feuillages sombres. Il
teinte de rose l'horizon pâle. Peu à peu, la lumière
s'éteint, et la neige bleuit dans l'obscurité du
ciel.

21 février.

J'ai revu des guécha*, chez un ami. Elles ont dansé de leur pas svelte et chaste, avec leur visage immuable d'Asiatiques et leurs gestes de poupées. La même musique lente, grave, aux notes tristes. C'est presque une danse sacrée. Ainsi devaient évoluer les vierges aux Panathénées, mais le costume drapé dissimulait moins les formes. Ici, des plis raides qui se cassent et ne s'assouplissent point.

Les musiciennes restent accroupies, pinçant les cordes des shamisen, ou frappant avec la main de minuscules tambours.

Après le concert, elles sont venues vers nous comme une bande d'oiseaux familiers mais discrets, sans aucune espèce d'effronterie ni d'impudence. Le piano surtout les intriguait. Elles ont voulu entendre des airs d'Europe. Puis, posant leurs menus doigts sur l'ivoire, elles ont essayé de reproduire les mélodies japonaises : le monstre de bois sonore n'était pas fait pour leur délicates et archaïques chansons. Un clavecin eût mieux valu. Mais leur oreille était habile à reconnaître les sons et à retrouver les rythmes.

Ce qui est merveilleux chez la Japonaise, c'est l'éducation qu'elle a reçue ; ce souci de plaire aux hommes, de les captiver sans les provoquer ; cette distinction et cette réserve qui sont aux antipodes de la vulgarité et de la polissonnerie ; ces câlineries de chatte gracieuse et gaie, toujours souriante, désireuse de charmer par mille gentillesses ; cette coquetterie discrète ; ce goût exquis à se coiffer, à s'habiller, sans excès de couleurs, avec un choix tellement sûr de ce qui est seyant.

XII

Un après-midi au théâtre

Tôkyô, 23 février.

Dans une loge à droite de la scène, derrière une grille en bois, deux personnages déclament leurs réflexions, battent du tambour, et jouent du shamisen. C'est le chœur.

Le premier acte est commencé. Dans sa pauvre maison, aux carreaux de papier déchiré, un ronine (samuraï* dont le daïmio* est mort) écrit une longue lettre, torturé par des sentiments contraires ; sa mère, sa femme gémissent, le supplient, et s'en vont. Son fils aîné (dix ans) se jette sur un poignard. Le ronine s'apprête[1] à

---

(1) Dans l'ancien temps, lorsqu'un Japonais se trouvait dans une situation désespérée, avant de se tuer, le plus souvent il tuait sa femme et ses enfants.

tuer son autre enfant (un an). Muet, il hésite; le chœur traduit ses hésitations et se lamente. Le gosse pleure (le rôle est tenu par une poupée qui sous prétexte de gémir, bêle comme un mouton; mais, assez imaginatives pour suppléer aux défauts de la mise en scène, les spectatrices fondent en larmes); le père fait de grands gestes tragiques, prend de belles attitudes; il apaise les cris de sa victime, la cache sous un manteau, et la traverse de son glaive. Sa femme revient et sanglote; il la répudie, pour qu'elle ne reste pas liée à son misérable sort. Rideau.

Entr'acte. — La salle, construite en bois, est rectangulaire, bien ornée. Parterre et balcon sont partagés en compartiments carrés où quatre spectateurs s'accroupissent. Sur les cloisons étroites, courent les marchands d'oranges, de bonbons; les serveurs de thé; les vendeurs de tabac et de cigarettes. Vers la scène, beaucoup plus large que haute, conduisent deux allées surélevées qui, traversant le parterre, servent parfois à l'entrée et à la sortie des acteurs. Les décors sont plantés sur un châssis tournant.

Deuxième acte. — Une chaumière et un moulin. Le ronine subit les reproches d'un paysan dont il a tué la femme. Ils se battent : c'est une lutte acharnée, poignard contre poignard. Coups d'estoc et de taille, parades, bonds en arrière, sauts de côté tiennent toute la scène. Les acteurs déploient leur souplesse, voire même leur acrobatie. Ils grimpent sur le toit qui s'écroule, tombent dans la chaumière, et sont chassés à coups de balais et d'autres ustensiles par les habitants effarés.

Le plateau tourne, et le dos de la chaumière apparaît. Les adversaires sont juchés sur le moulin; la roue s'arrête. L'eau jaillit hors de l'aube. Le ronine tombe blessé, et supplie son

ennemi de recueillir ses dernières volontés, de
l'aider dans une vengeance. Il tend une lettre qui
doit être remise sans retard au daïmio ; et déjà,
il va mourir. Le paysan promet, pardonne,
regrette d'avoir tué. Rideau.

L'assistance semble vivement émue. — Il y a
surtout des spectatrices : guécha et femmes de
boutiquiers. Les hommes n'ont guère le temps
de venir au spectacle qui dure sans interruption
de dix heures du matin à neuf heures du soir.
Le théâtre coûte cher, mais les Japonaises
comme les Japonais, n'épargnent rien pour leurs
plaisirs.

Le rideau se lève sur un paysage. Une longue
procession de samuraï en vieux costumes : larges revers d'étoffe sur les épaules, cheveux relevés à la nuque, traversent le parterre, s'arrêtent
sur la scène. Les porteurs déposent une chaise :

celle du seigneur sans doute. Le paysan chargé des dernières volontés du ronine, remet son pli à l'un des suivants et s'en va : son rôle est fini. Le palanquin laqué d'or s'entr'ouvre ; un coup de feu retentit ; le voyageur tombe mort. Rideau.

Les acteurs tiennent tous les rôles, même ceux de femmes. Ils passent pour avoir beaucoup de succès auprès des guécha, et pour se faire entretenir. Autrefois, dit-on, les femmes mariées n'étaient pas insensibles à leurs charmes. En est-il ainsi de nos jours ? En Chine, c'est parmi les spectateurs mâles que les acteurs travestis ont la réputation de faire des conquêtes.

Quatrième acte. — La cour d'un château fort. Une grande cage en bois d'où sort un prisonnier. Agenouillé devant le juge, il proteste de son innocence. Devant sa femme, admise à le voir, et qui, suivant l'usage, le salue jusqu'à terre, il jure qu'il n'est pas coupable. Il demande de quoi écrire. On le remet en cage.

Le silence. La nuit. Soudain, une musique étrange. D'un arbre voisin, sort une clarté. Un animal bizarre s'en échappe, à tête d'homme, le corps velu. C'est le Renard [*], à qui l'imagination populaire prête une influence, malfaisante le plus souvent. Sauvé jadis par le prisonnier, le Renard reconnaissant lui offre son aide ; et ce disant, sur deux pieds, puis à quatre pattes, il danse, culbute, cabriole, saute, ou se tapit. Le prisonnier ne demande qu'un service : « que l'on remette cette lettre à son seigneur ; lui-même est innocent ». Le Renard prend la lettre, gambade et disparaît. Rideau.

La salle plongée dans l'ombre s'éclaire. Les papotages des spectatrices s'animent. Les marchands d'oranges s'agitent ; les serveurs de thé bondissent ; les vendeurs de tabac clament leur marchandise.

Cinquième acte. — Une estrade élevée où, jambes croisées, s'alignent les samuraï. Le daïmio entre par le fond, et s'assied au centre, sur un coussin plus haut. Il a échappé à la mort. Dans le palanquin, en prévision du crime, on avait placé un sosie.

La femme du prisonnier vient demander justice. Musique étrange déjà connue. Gambadant, tout blanc et les oreilles vacillantes, notre Renard traverse le parterre, s'arrête, saute, court, gesticule ; derrière lui, le prisonnier délivré s'approche, s'agenouille, et déclare son innocence. Palabre générale. Un samuraï sort un papier : c'est la lettre du ronine mort que le paysan a remise. Un autre samuraï, l'air courroucé, proteste et veut la déchirer. Elle est lue, malgré lui, à haute voix : Mêlé à une conjuration dont il ignorait d'abord l'objet, le ronine a tué, sur ordre, la femme du paysan qui menaçait de trahir. Tourmenté par le remords, poursuivi par l'ombre de sa victime, il découvre que le complot est dirigé contre le daïmio et, resté fidèle, il se hâte de faire connaître le nom des complices. — Cette lecture produit un grand mouvement sur la scène. Le prisonnier, dont l'innocence est démontrée, manifeste sa joie. Le samuraï coupable : celui qui voulait détruire la missive accusatrice, se coupe le ventre. Rideau final.

Voilà tout ce que j'ai pu deviner.

Le drame est terminé, mais personne ne s'en va : le spectacle comprend plusieurs pièces.

Cette fois, nous ne sommes plus transportés au temps de la chevalerie et de la légende, parmi les daïmio et leurs samuraï ; mais dans une famille japonaise ultra-moderne, où les idées nouvelles luttent contre les anciennes mœurs.

Plus de chœurs, plus de musique de scène. La déclamation tragique fait place à une diction brève, à un ton de conversation.

Grand jardin et maison à l'européenne ; un mari, sa femme, des guécha. Quand les hôtes sont partis, la femme fait à son mari une scène de jalousie : il la rend malheureuse en invitant chez lui des guécha. Le mari bat en retraite, sans mettre en pratique les conseils du vieux dicton national : *Si ta femme est jalouse, dis-lui qu'elle est vieille, qu'elle est laide, et qu'elle a les pieds froids.*

Par la porte du jardin arrive un Japonais en costume européen. Il rappelle à la femme mariée que, jeune fille, il l'a courtisée sans succès, parce qu'il était pauvre. Il est parti pour l'Europe, il a étudié ; maintenant qu'il a acquis une situation brillante et que le ministre des Affaires étrangères l'a pris pour secrétaire, il aime toujours. Après cette déclaration, il se retire. Mais le mari l'a vu, et, jaloux à son tour, demande quel est ce jeune Monsieur. Le beau-père survient, soutient sa fille, parle de l'emmener et refuse de rendre à son gendre la très grosse somme qu'il lui a empruntée. Après avoir pris la fortune, il reprend la femme. Celle-ci, prête à partir, hésite, lorsque la servante, pour les adieux suprêmes, apporte le jeune enfant (encore une poupée dont les gémissements font pleurer tout l'auditoire). La mère l'embrasse, s'attendrit, mais s'en va. Le mari reste seul avec l'enfant, désespéré, ruiné.

Au *deuxième acte*, le décor représente la gare centrale de Tokyo en 1920. Dix ans ont passé. A gauche, ce cireur de bottes, vieilli avant l'âge, c'est notre mari abandonné. Sa fille (douze ans) vend des fleurs. Au guichet des billets, l'ancienne servante.

Un train. Types de voyageurs japonais : élégantes petites femmes, porteurs de bagages ; un couple d'Américains grotesques, aux cheveux rouges, lui, en veston à carreaux ; elle, ridiculement dégingandée dans un disgracieux manteau. (Devant ce spectacle de vaudeville ou de music-hall, toute la salle pouffe de rire.) Un vieux Monsieur japonais, le fâcheux beau-père du premier acte, arrive, gourmandant, et frappant la petite marchande de fleurs, qu'il accuse de lui avoir volé cinq *yen*. Il se fait cirer les souliers. Vient l'épouse volage, suivie par le secrétaire du Ministre des Affaires étrangères. Le cireur de bottes, qui a reconnu tout le monde, a des distractions. Il s'arrête, reprend son travail, s'arrête encore ; il a fini. La mère achète un bouquet à sa fille, qui l'a reconnue (l'instinct filial), et qui rapporte vite l'argent au grognon beau-père. Celui-ci empoche, retrouve sur lui le billet soi-disant volé, garde l'autre quand même.

Reconnaissance générale. La petite veut que son père et sa mère restent ensemble :

—Maman, pourquoi ne restes-tu pas avec papa?

— Ton papa est un méchant.

— Il dit que toi aussi, tu es une méchante.

Mais le train va partir, et le beau-père grinchu emmène sa fille. Rideau.

(Les acteurs sont excellents et jouent avec beaucoup de réalisme et de naturel).

Troisième acte. — Il neige sur le jardin du temple. L'épouse volage vient prier. Sa fille est là, et la supplie de rester avec le père (qui de cireur de bottes, est devenu gardien de temple). La mère attendrie, s'agenouille dans la neige, devant le père, et demande pardon. Il ne veut pas lui pardonner, s'approche d'elle un couteau à la main, et la traîne par les cheveux. Le beau-père survient ; ils se battent ; la mère se tue. Arrive, en chasseur, le secrétaire du Ministre

des Affaires étrangères. Il veut séparer les deux
hommes, mais son fusil part malencontreusement
et le tue. (Encore un de moins.) La petite fille
saisit le poignard dont s'est frappée sa mère et
le plonge dans le dos de son grand-père. Faute
de combattants la lutte est finie. (Dans cet essai
de comédie moderne, l'auteur s'est évidemment
laissé influencer par la sauvagerie du théâtre
ancien.) Le père pardonne. S'appuyant sur lui
et sur sa fille, la mère mourante se traîne vers
la cloche, et debout, suspendue à la corde, elle
regarde une dernière fois son mari, son enfant,
et murmure : saïon ara (au revoir). Ils répondent :
saïon ara, et la cloche sonne. Elle sonne encore
une fois, deux fois la cloche : saïon ara ; saïon
ara ! et elle tombe morte, pardonnée, en priant
le dieu.

Toute la salle est attendrie. Les guécha s'es-
suyent les yeux. Seuls, les vendeurs d'oranges,

de thé, et de cigarettes s'agitent. Il est sept heures et demie. Une autre pièce va commencer. Mais mon estomac reste obstinément européen : je vais dîner.

L'art japonais semble, plus encore que l'art chinois, s'être approché de la vie. Il est plus aérien, plus léger, plus délicieusement fantaisiste. Comme l'art français, il a de la finesse, de l'esprit, le sens des nuances et de la mesure.

Son originalité vraie, c'est de prolonger la nature. L'architecture complète les montagnes et les forêts ; elle se façonne à leurs proportions, se soumet à leurs caprices, s'inspire de leurs étrangetés. Elle recherche les sites pittoresques pour y marquer discrètement et avec respect la présence de l'homme. Les peintres copient fidèlement, sans être serviles. Ils nous donnent des paysages dégagés des lois de la pesanteur et de la distance, immatériels, comme spiritualisés, mais où l'âme du Japon reflète ses moindres détails. Si à Chioin-in, nous tournons le dos aux peintures des Kano*, nous apercevons les arbres majestueux, la lumière légère, les lignes nettes, comme dans les paysages des maîtres. Sur les laques les plus menues, sur les moindres cloisonnés, les fleurs ont le même éclat, la même transparence que parmi les jardins.

Deux dangers menacent ces belles traditions : l'industrie et l'américanisme. Souhaitons que les Japonais, au lieu de satisfaire le mauvais goût tapageur des touristes Yankees, s'adressent à la clientèle française. L'art français et l'art japonais ne peuvent que gagner l'un et l'autre à mieux se connaître et à mieux s'aimer.

INDEX ALPHABÉTIQUE

INDEX ALPHABÉTIQUE

Américaines, page 20.

Sur la côte Chinoise, à Hong-kong, Chang-haï, Tien-tsin, etc., certaines d'entre elles se livrent avec la sagacité, l'économie et la prévoyance de bonnes commerçantes, à une profession (business) que la pudeur Américaine ne permet pas de désigner davantage. Elles y forment d'ailleurs une élite. Tous les deux ou trois ans, elles vont, comme les missionnaires et les hommes d'affaires, passer six mois de congé en Amérique. Au cœur de l'été, elles émigrent pour un mois au Japon. — Elles habitent des boarding-houses d'un genre particulier, où elles occupent chacune leur chambre, qu'elles payent au mois, ainsi que leur nourriture. Elles choisissent librement leur médecin. Les bénéfices du champagne seulement sont partagés entre elles et l'hôtesse, qui peut ainsi déclarer inocemment qu'à l'instar de toute hôtelière qui se respecte, elle ne tire profit que de la location de ses chambres et de la vente de ses vins. — A Chang-haï, « aller chez les Américaines » est une locution qui se passe de commentaire. — Lorsque leurs visiteurs n'ont pas apporté d'argent, mais sont connus sur la place, elles leurs font signer des billets au porteur, appelés « chits », en usage également pour les dettes de jeu. Ces billets sont présentés à domicile à la fin de chaque mois par un shroff (employé indigène chargé des recouvrements). La somme par laquelle on est convenu de manifester sa reconnaissance à une Américaine de la première catégorie (number one), après un court entretien (short time), est de quinze dollars de Chang-haï. Si l'entretien se prolonge, la somme double avec une rigueur toute mathématique. Le tarif de trente dollars constitue cependant un maximum qui n'est jamais dépassé. — Pourquoi? — C'est là un problème dont la solution reste à trouver, mais dont une des données est peut-être l'influence déprimante du climat sur les Européens.

Arcs de triomphe, page 131.

Élevés en l'honneur des morts, et très souvent des veuves fidèles jusqu'à la mort. Les mœurs chinoises encouragent les veuves à ne passe remarier. Les mandarins font parfois un recensement des veuves, et classent au tableau d'honneur celles qui sont résolues à rester fidèles à leur défunt mari.

Benten, page 104.

Déesse de la beauté et de l'éloquence, une des sept divinités du bonheur. Elle est souvent représentée à cheval sur un dragon. Ses temples sont presque toujours situés sur des îles ou des presqu'îles (comme le petit sanctuaire au parc d'Ueno, à Tôkyô, si pittoresque, parmi les lotus).

Les autres divinités du bonheur (Shishi Fukujin) sont : Ebisu, le travail honnête, représenté avec une ligne et un poisson taï.

Daikoku, le dieu de la richesse, debout sur des

INDEX ALPHABÉTIQUE 215

balles de riz. Il a la figure noire.

Fukurokuju, Longévité et Sagesse (deux qualités inséparablement liées dans l'esprit des Japonais comme des Chinois). Fukurokuju est représenté avec un crâne surélevé ; près de lui se tient une cigogne, ou une tortue.

Bishamon (la Guerre). en armure, tenant une lance et une pagode.

Jurojin, accompagné d'un cerf. Son crâne est parfois surélevé. Il semble faire double emploi avec Fukurokuju.

Hotei (la bonne humeur) ; le ventre nu et débordant, un éventail à la main.

Ces sept divinités, très populaires au Japon, et dont les traits fournissent souvent le sujet des netzuke, ne sont pas empruntées à moins de quatre religions différentes : Ainsi, Benten n'est autre que Sarasvati : la femme de Brahma. Fukurokuju et Jurojin sont d'origine taoïste, et personnifient peut-être Lao tseu lui-même. Bishamon est un déva Bouddhiste. Enfin Ebisu, fils d'Izanagi et d'Izanami, le couple divin, créateur du Japon, appartient à la religion shintoïste.

A chaque nouvel an, les sept dieux du bonheur arrivent dans le bateau des trésors (Takara-buné), apportant le chapeau qui rend invisible, et la bourse inépuisable.

Bonzes, pages 15, 58, 84, 102, 107, 161.

Les prêtres bouddhistes appartiennent tous au clergé régulier : ce sont des moines. Ils prononcent trois vœux principaux, par lesquels ils s'engagent à s'abstenir de viande, de vin, et de femmes. Après avoir prêté serment, le novice s'agenouille, et l'officiant place sur son front rasé trois pastilles d'encens : une pour chaque vœu prononcé. Ensuite, il les

11.

allume. Le patient ne doit manifester aucun signe de douleur, sous peine de révéler une nature amollie par le péché. Il portera toute sa vie trois cicatrices, marques indélébiles de l'épreuve qu'il a victorieusement subie. Il reçoit en outre un diplôme, qui, au cours de ses pèlerinages à travers la Chine, lui vaudra asile et nourriture dans toutes les bonzeries bouddhistes.

Les vieux contes chinois ainsi que nos fableaux du moyen âge, sont pleins de scepticisme sur la rigueur des vœux monastiques : la chair est faible parmi les disciples du Bouddha tout comme parmi les sectateurs du Christ.

Boy, pages 66, 158.

Dans les maisons européennes, les valets de chambre Chinois sont appelés boys, les femmes de chambres chinoises amah Ils gardent leur costume national.

Aux dîners de cérémonie, les boys servent gantés, vêtus de longues robes en soie écrue, coiffés de chapeaux-cloches à gland rouge. L'usage chinois veut que l'on reste couvert, même dans les maisons : se découvrir n'est pas une marque de politesse, mais indique au contraire le sans gêne et le laisser aller.

Bouddhisme, pages 9 à 11, 70. 93, 102, 135, 161, 186, 211.

La religion prêchée par Çakya Mouni (appelé aussi Gautama), au vi° siècle avant l'ère chrétienne, est encore pratiquée à Ceylan, au Thibet, en Chine, en Corée, au Japon. Le bouddhisme avait emprunté à la philosophie des Upanishads la croyance en la métempsychose, et la doctrine du Karma. Le Karma, c'est la relation de cause à effet entre les existences antérieures et l'existence présente, entre l'existence présente et celles à venir. Le brahmanisme connaissait déjà la vie monastique. Même le nirvanah n'était pas absolument une innovation, et correspondait à l'union de l'âme avec l'âme de l'univers : une idée que l'on trouve déjà dans les Upanishads. Mais le bouddhisme fut une protestation contre les castes du brahmanisme, et contre ses dieux : Brahma, Indra, etc. De tous ses efforts l'homme doit tendre au Nirvanah, qui est le souverain bien. Les dieux ne lui sont pour cela d'aucun secours : il lui suffit de s'affranchir de toutes ses passions, et de faire la charité. Bientôt cependant, la nouvelle doctrine fit une place aux dieux du brahmanisme, qu'elle considéra comme tendant eux aussi, vers le nirvanah. Ainsi transformés, Brahma, Indra, etc., suivirent le bouddhisme jusqu'au Japon.

Après la mort de Çakya Mouni, ses cinq cents disciples s'assemblèrent à Rajagriha, où ils chantèrent les préceptes du Maître pour les fixer en leurs mémoires. (environ 477 ans av. J.-C.) En l'année 377, le Bouddhisme se divisa en deux sectes ; l'enseignement de la secte Hinayana qui s'est maintenu à Ceylan est plus conforme à la tradition du Bouddha : charité et ascétisme. La secte Mahayana, qui adopta un symbolisme idolâtre, se fixa dans le nord de l'Inde (où une réaction brahmanique l'a supplantée) et gagna la Chine, puis la Corée et le Japon. Une première mission vint en Chine vers 219 avant Jésus-Christ. Mais c'est de l'année 61 avant Jésus-Christ que date la conversion de la Chine au Bouddhisme. L'empereur Ming ti, ayant rêvé de la religion du Bouddha, envoya une ambassade pour ramener des livres et des prêtres. Le bouddhisme chinois fut envahi par les superstitions locales, et donna asile à des divinités taoïstes. (Voir taoïsme.) En 372 après Jésus-Christ, le bouddhisme est connu en Corée. De là, une mission se rend au Japon avec des images du Bouddha (en 550). La première pagode bouddhiste est construite au Japon en 584. En 623, des moines bouddhistes venus de Chine visitent le Japon. Le grand monastère de Nara est fondé en 710. Il eut une grande influence sur le développement de l'art Japonais.

Comme le bouddhisme avait accueilli en Chine les dieux taoïstes, il assimila au Japon les dieux nationaux : le moine Kobo Daishi (774 à 834), un érudit et un artiste, qui inventa au Japon le premier alphabet syllabaire, écrivit une interprétation bouddhiste de la mythologie shintoïste : le San Kai Ri. Tous les dieux shinto ne sont autre chose que des incarnations du Bouddha et des saints bouddhistes. La déesse du soleil à Ise proclama dans un oracle qu'elle était une incarnation du dieu Indou Kairokana. Mais en revanche, les dieux shinto rebaptisés et transformés par le bouddhisme japonais, se substituent dans la faveur populaire aux dieux Indous ou Chinois que la religion de Çakya Mouni s'était déjà assimilés.

Chang-haï, pages 21, 51 à 73, 145 à 163, 189.

Situé sur le Houang p'ou, bras de fleuve large d'un kilomètre qui conduit à l'estuaire du Yang-tseu kiang. Au confluent se trouve le port de Wousong, en eau très profonde, mais insuffisamment abrité. Une voie ferrée longue de vingt kilomètres relie Wou-song à Chang-haï.

Lorsqu'en 1843 le capitaine Balfour, consul de Sa Majesté Britannir,.e, choisit comme territoire de la concession Anglaise (accordée par le traité de Nanking) les marécages s'étendant entre le Yang-king-pang et Sou-tchéou creek. Changhaï n'était qu'une petite sous-préfecture chinoise La concession française, et la concession anglaise, (devenue aujourd'hui la concession internationale) se développèrent rapidement, et en 1865 on comptait déjà trois mille Européens. La cité chinoise subsiste à côté de la ville européenne ; elle a gardé sa muraille, son fossé, et ses habitudes médiévales. Mais plusieurs centaines de mille Chinois habitent la ville européenne.

Charité Bouddhique, pages 10, 211.

Le Bouddhisme ayant emprunté à l'ancienne philosophie indoue la doctrine de la métempsychose, la charité bouddhique, s'étend non seulement aux hommes, mais aussi aux animaux, en qui revivent parfois les âmes de nos ancêtres.

Les moines bouddhistes font le vœu de s'abstenir complètement de la chair des animaux.

Lorsqu'un Chinois de religion bouddhiste veut faire une bonne action, de nature à hâter son arrivée au Nirvanah, il achète au marché un animal destiné à être mangé, et lui assure une existence tranquille et confortable jusqu'à sa mort naturelle.

Cigognes (salle des), page 109.

Ou plus exactement salle des « grues » : (Tsurunoma). Ainsi dénommée à cause des grues sculptées dans le ramma par Hidari Jingoro ; cette salle est la plus somptueuse et la plus vaste parmi les appartements de Nishi Hongwanji à Kyôto. Une reproduction très remarquable en a été offerte à la France par l'Association des Exposants de Kyôto à la Japan British Exhibition de Londres (1910). A la suite des démarches de la *Société Fanco-Japonaise*, et grâce à la très heureuse intervention de M. Guimet, cette œuvre d'art vient d'être installée au Musée d'Histoire des Religions, à Lyon. Les peintures ont été très exactement copiées d'après les originaux de Kanô Tan-yû, et de Ryôkei.

La grue ou cigogne est, comme la tortue, un symbole de longévité. C'est comme telle qu'elle figure à côté des dieux Fukurokuju et Jurojin. (voir les articles : Benten, et Tortue.) En Chine, la grue est brodée, ainsi que d'autres oiseaux, sur la robe des mandarins civils de 1re classe (les mandarins militaires ont comme emblèmes des quadrupèdes: licorne, léopard, etc.)

Colombo, pages 8, 23, 24, 27.

Située sur la côte ouest de Ceylan, Colombo est la capitale de l'île. Elle fut occupée par les Portugais en 1517 ; prise par les Hollandais en 1603 ; enlevée à ces derniers par les Anglais en 1796.

Colombo a plus de cent mille habitants.

Confucius (K'ong Foutseu) pages 9, 141, 206.

Né en 551 avant Jésus-Christ., dans la province du Chan-tong, mort en 479, il vécut à la cour de plusieurs souverains, s'efforçant de les pénétrer de sa doctrine. Après sa mort, il devint l'objet d'un véritable culte ; on lui éleva des temples et des autels.

Sa morale est exposée dans le *Ta Hio*, ou la grande Etude, ouvrage de K'ong Fou-tseu et de son disciple Ts'eng Tseu — dans le *Tchoung*

Young, ou l'Invariabilité dans le Milieu, recueilli par Tseu Sseu, petit-fils et disciple de K'ong Fou-tseu, — et dans le *Louen Yu*, recueil d'entretiens philosophiques entre le maître et ses disciples.

Ces trois ouvrages forment avec celui de Meng tseu (Mencius) les quatre grands livres classiques de la Chine.

K'ong Fout-seu, n'est pas un innovateur : il s'appuie sur des ouvrages très anciens, dont plusieurs furent réédités par lui. Sa doctrine fut introduite en Corée en 70 avant Jésus-Christ, et au Japon, vers le vi⁰ siècle de notre ère, à peu près en même temps que la religion Bouddhiste. Au Japon, les moines Bouddhistes enseignèrent simultanément leur morale et celle de Confucius. Ce n'est qu'au XVII⁰ siècle que des Écoles Confucianistes y furent établies lorsque, fuyant la nouvelle dynastie Mand-choue, des savants chinois cherchèrent refuge au Japon.

K'ong Fou-tseu semble bien avoir été un agnostique. Il base sa morale sur la recherche de la « perfection » et du « souverain bien ». Il s'applique à poser les principes d'un gouvernement sage et éclairé, et à faire régner l'ordre et la discipline dans la famille. Mais, il ne s'est jamais expliqué, ni sur la nature de l'âme, ni sur la divinité. Un passage du *Louen Yu* est assez significatif à cet égard : « Kitou demanda comment il fallait servir les esprits et les génies ; le Philosophe (Confucius) dit : Quand on n'est pas encore en état de servir les hommes, comment pourrait-on servir les esprits et les génies ? — Permettez-moi, ajouta-t-il, de vous demander ce que c'est que la mort ? le Philosophe dit : Quand on ne sait pas encore ce qu'est la vie, comment pourrait-on connaître la mort?»(*Louen Yu*,Ch.XI, art. 11).

Cryptomeria, page 218.

CryptomeriaJaponica, ou cèdre du Japon. Arbre de vingt à trente mètres de hauteur, pyramidal, à branches étalées, redressées à leur extrémité. Rameaux pendants, très feuillus. Le feuillage est d'un vert clair en été, plus foncé en hiver.

Daïjin, page 207.

Tandis que les Ni-o (voir ce mot) sont les gardiens des temples bouddhistes, les Ya-daïjin, ou Zuijin, veillent à la porte des temples shintoïstes, et en chassent les mauvais esprits.

Daïmio, pages 10, 225, 231, 232.

Les daïmio étaient les seigneurs féodaux du Japon. Après la révolution de 1868, la féodalité fut abolie (1871). Une nouvelle hiérarchie nobiliaire, sans prérogatives féodales, fut créée en 1884.

Écriture chinoise, pages 8, 33, 41, 61, 173.

Tandis que l'écriture Européenne reproduit plus ou moins fidèlement la langue parlée (écriture phonétique), l'écriture Chinoise évoque directement les objets ou les abstractions. C'est une écriture idéographique. Comme telle, elle est vraiment internationale, puisqu'elle existe en dehors de tout idiome particulier, et peut être apprise et comprise par des gens de langue différente.

L'écriture chinoise a été introduite au Japon vers l'an 400 après Jésus-Christ. Le moine japonais Kobo Daishi (voir article Bouddhisme) inventa une écriture phonétique, appelée Hiragana, dont chaque signe représente une syllabe entière. Les livres japonais modernes mélangent jusque dans la même phrase les idéogrammes chinois et l'alphabet syllabaire japonais, figurant avec les premiers les idées abstraites, épelant avec le second les mots usuels. Dans les revues et journaux populaires les signes chinois sont même souvent doublés par une transcription en Hiragana des mots japonais qu'ils représentent.

Flamboyant, pages 24, 37, 48.

Ou Colvillea (dédié à M. Colville, ancien directeur de l'île Maurice.) Arbre pouvant atteindre douze mètres de hauteur, à feuilles très grandes composées de myriades de petites folioles. Les grappes de fleurs pourpres bordées de jaune, d'un coloris éclatant, sont si abondantes au mois de mai, que l'arbre entier ressemble à un bouquet de flammes, d'où le nom de « flamboyant ».

Guécha, pages 112, 214, 222, 228, 229, 233.

Bien que dans l'usage courant on désigne sous ce même nom les artistes lyriques et chorégraphiques japonaises, les guécha sont plus spécialement celles qui, assises sur leurs talons, frappent de menus tambours ou pincent les cordes du shamisen ; et l'on appelle maïko les toutes jeunes danseuses qui évoluent, miment et chantent. Les unes comme les autres ont commencé dès l'enfance à assouplir leur corps et à apprendre des attitudes, des mélodies et des chansons. Elles portent la coiffure des mousmé (jeunes filles), qui est celle de toutes les femmes qui n'ont pas été mariées. Elles habitent chacune chez soi et viennent donner des concerts dans les restaurants et les maisons privées.

Il ne faut pas les confondre avec les joro (courtisanes), recluses dans le

Yoshiwara (voir ce mot), aisément reconnaissables aux grandes épingles piquées dans leur chevelure, et dont le graveur Outamaro a fait le sujet de bien des estampes.

Hang-tchéou, pages 14, 15, 129, 163 à 187.

Appelée aussi par les Chinois la « Cité du Ciel », elle est située au bord d'une baie, près de l'embouchure du Tsientang, à deux cents kilomètres à vol d'oiseau de Chang-haï.

Hang-tchéou ne fut pendant longtemps qu'un village de pêcheurs et de saliers. En 591 de notre ère, Yang Su lui bâtit une enceinte garnie de tours. Au XII° siècle, elle devint la capitale des empereurs Song (voir page 170). Koublaï Khan l'envahit en 1278 et détrôna la dynastie Song. C'est vers cette époque que Marco Polo visita Hang-tchéou.

Les Chinois ayant en 1357 repris l'avantage sur les Mongols, reconquirent Sou-tchéou et Hang-tchéou, et en 1360 on commença à rebâtir cette dernière. Elle resta florissante jusqu'à la révolte des Taï-ping, qui, en 1860, fut une révolution manquée contre la domination Mandchoue. Pillée et saccagée, Hang-tchéou est restée encore belle. Sa population est évaluée actuellement à 700 mille habitants, dont beaucoup sont originaires d'autres villes et notamment de Ning-po.

Hétaïres Américaines, page 20.

(Voir : Américaines).

Hong-kong, pages 48, 49.

Ile rocheuse située à 136 kilomètres de Canton, à l'est de la colonie portugaise de Macao. Cédée aux Anglais par le traité de Nanking (1842), elle devint le principal entrepôt de l'Extrême-

Orient et fit à Macao une concurrence ruineuse. La ville de Victoria et sa rade très abritée sont aujourd'hui un des premiers ports du monde.

En 1860 les Anglais ont acquis la péninsule de Kow-loon située vis-à-vis de Hong-kong, et le 9 juin 1898 ils ont encore obtenu du gouvernement chinois une extension de leur possession. La cession du nouveau territoire a été consentie sous la forme d'un bail perpétuel.

Icho, page 103.

Nom japonais du Gingko biloba. — Celui de Hachimangu, à Kamakura est particulièrement célèbre. En 1219 son tronc était déjà assez gros pour dissimuler Kugyô, qui, poussé par la jalousie, guettait son oncle, le shogun Sanetomo, venu au temple pour une cérémonie d'action de grâces. Tandis que Sanetomo descendait les marches, Kugyô bondit sur lui et le poignarda. (Voir article Shogun).

Le Gingko biloba, ou Salisburya adiantifolia, conifère, fut importé en Angleterre en 1784, et à Montpellier en 1788. C'est un grand arbre de vingt-cinq mètres de hauteur, très droit, ayant une tête conique régulière, à branches alternes et presque horizontales. Les feuilles sont largement obovales, sinuées et échancrées de manière à former deux lobes. Il pousse en Chine et au Japon, mais supporte très bien le climat de France. On l'appelle vulgairement *l'arbre aux quarante écus.*

Iemitsu, pages 219, 220.

Shogun de la famille des Tokugawa, né en 1604, mort en 1651. Petit-fils de Ieyasu, dont il hérita des qualités d'administrateur, il succéda à Hidétada en 1622.

Il gouverna pacifiquement, et consolida l'unité

du Japon, en obligeant tous les daïmio (seigneurs féodaux) à résider six mois de l'année à Tôkyô, et à y laisser leurs familles comme otages le reste de l'année. Toutes proportions gardées, il est intéressant de rapprocher ce procédé de gouvernement de celui de Louis XIV, qui, pour ruiner définitivement l'indépendance des grands seigneurs français, ne négligeait aucune occasion de les attirer à sa cour.

Iemitsu supprima le christianisme, qui avait servi de bouclier aux résistances politiques, et ferma définitivement le Japon aux étrangers (1624) à l'exception de Nagasaki, qui resta ouvert aux Hollandais et aux Chinois seulement.

Ieyasu Tokugawa, pages 219, 220.

Né en 1542, mort en 1616. Fils d'un daïmio de la province de Mikawa, Ieyasu se forma à l'école du général Hideyoshi, qui avait conquis tout le Japon. C'est pour Hideyoshi que Ieyasu s'empara de Yedo en 1590. Hideyoshi mourut (1598), laisant un fils trop jeune pour continuer son œuvre. Alors Ieyasu s'empara du château d'Osaka, puis vainquit à Seki-ga-hara les seigneurs féodaux ses ennemis parmi lesquels étaient de nombreux chrétiens : ces derniers refusèrent, à cause de leurs croyances, de faire harakiri sitôt la défaite, mais ils se laissèrent massacrer. Ieyasu, pour consacrer sa puissance, obtint en 1603 de la cour de Kyôto le titre de shogun. Il occupa tous les points stratégiques du Japon et força tous les daïmio à le reconnaître comme suzerain. Il promulgua des lois, construisit des routes, organisa les postes. L'unité du Japon était faite.

En 1605, Ieyasu abdiqua en faveur de son fils

Hidetada, qui persécuta les chrétiens et prit les premières mesures destinées à fermer le Japon aux étrangers. S'étant retiré à Shizuoka, Ieyasu encourageait les lettres et les arts. Il mourut en 1616, et fut enseveli d'abord à Kumo-zan. Ses restes furent transportés à Nikko en 1617.

Les descendants de Ieyasu conservèrent le shogunat jusqu'en 1868, date à laquelle le Mikado Mutsu Hito reprit l'exercice du pouvoir temporel.

Ito (Prince Ito Hirobumi), pages 17, 44 à 47, 50.

Homme d'État et diplomate japonais (1838 à 1909). A l'âge de vingt-cinq ans, il réussit — malgré les lois sévères alors en vigueur — à sortir du Japon. Gagnant secrètement Chang-haï, il s'embarqua de là pour l'Europe, et étudia un an à Londres. Revenu au Japon, il tendit de tous ses efforts à faire du Japon un grand État moderne, Gouverneur de Hiogo en 1868, un an plus tard vice-ministre des finances, il fut envoyé en 1871 en mission en Amérique et en Europe, et en 1882, il fut chargé d'étudier les constitutions des principaux États Européens afin de permettre au Japon de suivre les traces de la civilisation occidentale. Il négocia avec Li Hong-tchang en 1885 au sujet de la Corée. En 1889, il s'opposa à l'introduction de juges étrangers à la cour suprême (projet du Comte Okuma), et voulut qu'après l'abrogation des capitulations, le Japon ne restât pas dans une situation inférieure à l'Europe. Nommé président de la Chambre des seigneurs en 1890, il devint président du Conseil des ministres en 1892, et exerça à quatre reprises différentes ces importantes fonctions : en face des idées conservatrices du maréchal Yamagata, il représentait les tendances libérales. En 1901, ayant tenté inutilement de négocier à Pétersbourg, il se tourna vers l'Angleterre, et conclut avec elle l'alliance du 30 janvier 1902. Devenu, après la guerre de Mandchourie, Résident général en Corée, il fut assassiné par un fanatique Coréen le 26 octobre 1909 à 9 heures du matin, à la gare de Harbine, au moment où il venait négocier avec M. Kokovtsoff, et préparer un rapprochement entre la Russie et son pays.

Jacquier, page 21.

Également nommé arbre à pain (artocarpus), à cause du caractère nourissant de ses fruits, plus gros qu'une tête d'homme. Arbre atteignant dix à quinze mètres de hauteur, à branches étalées, à feuilles alternes, longues de un mètre, larges de cinquante centimètres, pennatifides. On le trouve aux Indes et en Océanie.

Une variété de *l'arbre à pain* pousse également aux Antilles.

Kamakura, pages 15, 93 à 96, 102 à 104.

Capitale des Shogun de 1192 à 1455, elle atteignit, dit-on, à cette époque, un million d'habitants. Elle fut le théâtre de plus d'une action sanglante ; c'est là que sur le rivage, furent décapités les envoyés du souverain Mongol et empereur de Chine Koublaï-Khan, qui étaient venus sommer le Japon de se soumettre à leur maître.

Le temple de Hachiman date du xii° siècle ; le Daibutsu (environ 15 mètres de haut), est du xiii°.

K'ang-hi, pages 14, 178, 185.

Second fils de Chouen-tche, à qui il succéda en

1661, il fut le deuxième empereur de la dynastie Mandchoue, qui en 1644 s'était substituée par la conquête à la dynastie nationale des Ming (1318-1644), comme déjà la dynastie mongole des Yuan (1260-1368) avait chassé la dynastie chinoise des Song. Et voilà pourquoi certains auteurs appellent la Chine le pays immuable par excellence !

Bien que son règne ait été occupé surtout par les guerres et par les conquêtes, K'ang-hi trouva des loisirs suffisants pour s'occuper des lettres et des arts. Il fit établir par des savants un dictionnaire de la langue chinoise, en trente-six volumes, qui fait encore autorité et qui est connu sous son nom. Par son ordre, on commença le T'ou-chou Tsi-tch'eng ou grande encyclopédie qui atteignit cinq mille vingt volumes. Lui-même composa les *Seize Maximes*, qui sont un des livres classiques chinois.

Il accueillit avec faveur les missionnaires catholiques. Après avoir célébré, en 1721, la soixantième année de son règne et avoir désigné pour lui succéder, son quatrième fils Yong-tcheng, il mourut à l'âge de soixante-neuf ans (1722).

Kano (École de), page 240.

Une des plus grandes Écoles de peintres japonais, fondée par Kano Masonobu. Le fils de ce dernier, Kano Motonobu, donna à cette école toute sa splendeur. Il étudia surtout les maîtres chinois des dynasties Song et Yuan (voir l'article K'ang-hi). Les principes enseignés par Kano se transmirent de maître à élève pendant plus de trois cents ans après sa mort. Mentionnons : Sho-ei, Eitoku, Sanraku, (xvie siècle), Naonobu, Yasunobu, Tsunénobu, et Masunobu (xviie siècle), et surtout Tan-yu, peut-être le plus brillant de tous. Au monastère de Chioin-in, à Kyôto, on peut admirer des peintures de Naonobu et de Tan-yu. Le monastère de Nishi Hongwanii et le château de Nijo, à Kyôto, doivent une grande partie de leurs splendeurs au pinceau des Kano : les branches de pin, dans la salle d'audience (Go Taï-menjo) du château de Nijo, sont de Kano Tanyu.

Kien-long, pages 14, 178 à 185.

Petit-fils de K'ang-hi, et successeur de Yong-tcheng. (V. à la page 178 l'histoire de son règne.)

Kobé, pages 82 à 87, 115, 201, 202.

Fondée en 1868, sous la forme d'une concession européenne ; aujourd'hui le plus grand port commercial du Japon.

Kokeï, page 107.

Sculpteur japonais de l'école de Nara, fondée par Jocho au xi° siècle. Kokeï vécut également au xi° siècle.

Kwannon, pages 15, 94, 96, 108, 208.

Déesse de la Miséricorde (voir le mot : Miséricorde).

Kyôto, (ou Miyako), pages 15, 105 à 113, 201, 202.

Depuis une époque très ancienne, la résidence des Mikado était dans la province de Yamato ; mais à chaque règne on choisissait une ville nouvelle. Au viii° siècle, Nara fut capitale (709 à 781). En 793, l'empereur Kwammu choisit Kyôto, qui demeura la résidence des Mikado jusqu'en 1868, époque à laquelle ils se fixèrent à Yedo. Mais depuis le commencement du xvii° siècle, Yedo, capitale des Shogun avait fait une fâcheuse concurrence à Kyôto.

Kyôto est située au

bord du Kamogawa. Sur la rive gauche sont presque tous les plus beaux monuments ; des pentes de plus en plus rapides à mesure que l'on s'élève, servent de socle aux pagodes et aux temples : celui de Kyomitzu, bâti à flanc de montagne, domine toute la ville.

Ma-fou, pages 148, 168.

(Mot à mot : homme de cheval.) Terme chinois, employé par les Européens pour désigner les cochers, les valets de pied et les palefreniers. Le cocher est appelé : Grand Ma-fou, et le valet de pied : Petit Ma-fou, toutes les fois qu'il est nécessaire de les distinguer.

Marco Polo, pages 165 à 166.

Vénitien, 1252?-1323?, accompagna son père et son oncle dans un voyage commercial en Extrême-Orient. En 1271 il visita la cour Mongole de Koublaï Khan, et plut à ce souverain, qui le retint une vingtaine d'années à son service, le nomma mandarin dans la province du Tcho-kiang, en résidence à Hang-tchéou, et lui confia plusieurs missions lointaines. Il parcourut ainsi la Chine, l'Indo-Chine et le Japon, et revint à Venise par la Perse, en 1295. Pris par les Génois, il fit rédiger pendant sa captivité, en 1298, le récit de ses voyages. Ce récit fut traduit en toutes les langues. On discute l'originalité de la version italienne éditée à Venise, qui ne serait elle-même qu'une traduction du vieux texte français, écrit en dialecte Picard.

Peu de temps après Marco Polo, Frère Odoric visita la Chine. Il y passa trois ans (de 1324 à 1327), et laissa une curieuse relation de ce qu'il avait vu.

15.

Miséricorde (déesse de la), pages 15, 91, 96, 108 à 203.

Kwannon, déesse de la miséricorde, qui écoute la prière des malheureux. Elle est souvent représentée avec de multiples bras, tenant des emblèmes bouddhistes.

Missionnairesses Américaines, page 21.

Les œuvres protestantes américaines envoient en Chine et au Japon de nombreux missionnaires, mais aussi des missionnairesses. Il y a également en Chine des missionnairesses anglaises. La plupart sont mariées à des missionnaires, mais quelques-unes sont célibataires. Une de ces dernières voulut, il y a quelques années épouser un Chinois, qui était pasteur dans une colonie anglaise, et de nationalité britannique. Les autorités britanniques refusèrent d'enregistrer le mariage, et la jeune femme ayant vécu en concubinage avec le Chinois, fut expulsée par lesdites autorités. On raconte également qu'une Anglaise (une simple laïque) ayant épousé à Londres un Chinois, le suivit dans son pays, où il retrouva une première épouse indigène. La jeune Anglaise s'accommoda de la situation, et ne porta aucune plainte. Mais son Consul général demanda d'office l'annulation du mariage, « comme portant atteinte à la réputation britannique », et l'intéressée se réclamant de la nationalité de son mari pour rejeter la juridiction du Consul, ce dernier obtint son expulsion des autorités chinoises.

Nagasaki, pages 77, 79, 198.

Cette ville (située dans l'île Kiu Su), tire son nom de Nagasaki Kotaro à qui tout le district fut donné en fief à la fin du

XII° siècle par le shogun Yoritomo. Elle devint au XVI° siècle un des principaux marchés du commerce portugais. En 1617, lorsque le Japon fut fermé, par décision du shogun Hidetada, à la navigation étrangère, une exception fut faite en faveur de Nagasaki. En 1624, le shogun Iemitsu expulsa du Japon les Portugais et les Espagnols, et désormais, seuls les Hollandais et les Chinois furent admis à Nagasaki pour faire le commerce international. Le christianisme fut interdit, et à chaque recensement, les Japonais devaient déclarer quelle était leur religion, et fouler aux pieds les images chrétiennes : e fumi. Lorsque Napoléon occupa la Hollande, en 1810, et que l'Angleterre eut annexé les colonies hollandaises, Nagasaki fut le seul point du monde où le drapeau hollandais continuait à flotter.

Lorsque le Japon s'ouvrit de nouveau aux étrangers, après la venue du Commodore américain Perry (1854-1858), Nagasaki fut considéré comme port ouvert, et un emplacement fut choisi pour la Concession européenne, entre les montagnes et le rivage. En 1899, lors de l'abrogation des capitulations et de l'ouverture de tout le Japon aux étrangers, l'ancienne concession européenne devint simplement le quartier des affaires, occupé par les banques, les compagnies de navigation, etc.

Avant la guerre russo-japonaise, la flotte russe de Vladivostock, fuyant les glaces, venait hiverner tous les ans à Nagasaki, et de nombreuses enseignes en russe sur les boutiques japonaises rappellent encore son passage.

Ni-o, pages 102, 130.

Les Ni-o, qui gardent la porte des temples bouddhistes au Japon comme en Chine et sont chargés d'en écarter les mauvais esprits, ne sont autres que les dieux Indous Indra et Brahma. Ils ont une figure menaçante et grimaçante et une taille surhumaine. Ils sont généralement criblés de boulettes de papier, que les fidèles leur ont jetées en demandant la réalisation d'un souhait.

Osaka, pages 11,5 203.

Appelée autrefois Naniwa, sans doute par altération de Nami haya, « vagues rapides », parce que Jimmu Tenno, le petit-fils de la déesse du Soleil, et le premier Empereur du Japon, aborda près de là, sur la côte, par une mer démontée. Le nom de « Osaka » se trouve pour la première fois dans un document de la fin du XVᵉ siècle.

Située sur le Yodogawa, rivière drainant les eaux du lac Biwa, Osaka est devenue depuis 1890 la grande ville industrielle du Japon. On y trouve surtout des manufactures de coton.

Le château fut commencé en 1582 par Hideyoshi, et terminé en deux ans. Il fut pris par Ieyasu en 1615, et appartint depuis lors à la famille des Tokugawa, chez qui le shogunat se transmit héréditairement jusqu'en 1868. En cette année-là, le 2 février, les partisans du Shogun, incapables de résister plus longtemps aux armées du Mikado, brûlèrent le palais situé dans l'enceinte du château fort; et un des plus beaux spécimen de l'art japonais disparut en quelques heures.

Pidgin english, page 157.

Le « sabir » de l'Extrême-Orient. Voici quelques phrases de pidgin avec leur traduction :

Mississi have got ?

(Madame est-elle chez elle). — No have got (Elle n'y est pas). — Master, my wantchee chow (Monsieur, je veux manger). — Chop-chop (vite !). — Oso, oso ! (plus vite). — No savé ([je] ne sais pas). — No belong no good (cela ne vaut rien). — Memetio (halte là !). — Maskee (cela ne fait rien).

Quant à l'expression : Mississi catchee baby, qui relève du langage des sages-femmes, il est impossible dans une traduction brève d'en faire sentir toute la naïve saveur.

Renard, pages 230, 231.

En japonais : Kitsune. Il est le serviteur et le messager de la déesse du riz : Inari (la Cérès japonaise), et à ce titre, son image figure dans ses temples.

Il ne faut pas confondre Kitsune avec Tanuki (le blaireau), qui passe au Japon pour un des mâles les plus magnifiques, ainsi qu'en témoignent naïvement ses images d'une disproportion toute caricaturale.

Saïgon, pages 7, 36, 43.

Prise le 17 février 1859 par la flotte franco-espagnole, Saïgon devint la capitale des possessions françaises en Cochinchine, puis dans toute l'Indochine. Comme presque toutes les grandes villes de la côte continentale d'Extrême-Asie, elle est située assez loin de la mer, sur un bras de fleuve. La « rivière » de Saïgon est célèbre par ses méandres, et une des principales distractions pour les passagers qui remontent son cours monotone est d'apercevoir tantôt à babord, tantôt à tribord, tantôt en proue, tantôt en poupe, les flèches encore lointaines de la cathédrale.

Non loin de Saïgon se trouve la ville chinoise

de Chollon, dont les maisons pittoresques, mais sales, ne révèlent pas la richesse. Le principal commerce de l'Indochine est l'exportation du riz, et il est presque monopolisé par les chinois de Chollon.

Sampan pages 51, 201.

Il ressemble à la gondole garnie du felze. A Canton, sur la rivière des perles, les sampanières entraînent les passagers à la dérive, et modernes sirènes, leur font oublier le rivage.

Samuraï, pages 10, 225, 231, 232.

Les samuraï constituaient au Japon avant l'abolition de la féodalité (1871) la classe des guerriers. Régis par un code de l'honneur extrêmement sévère, obéissants et dévoués à leur chef : le daïmio, de qui ils recevaient annuellement les sacs de riz nécessaires à les faire vivre eux et leurs familles, ils étaient prêts à le défendre, à le venger, à mourir pour lui, et à se suicider plutôt que de supporter la moindre offense.

Shamanisme, page 9.

On désigne sous ce nom la religion nationale des Coréens. Shaman est un mot Persan signifiant idolâtrie. Le shamanisme, ou Shin Kyo (doctrine des esprits) a surtout été envisagé comme un ensemble de superstitions exploitées par les « pansu » et les « mutang ». Les « pansu » qui sont tous des aveugles, sont considérés comme doués de « la vision intérieure. » Les « mutang » sont des sortes de sorcières que l'on tient capables de se mettre en rapport avec les esprits. « Pansu » et « mutang » pratiquent des exorcismes sur les malades : car ce sont les esprits qui causent les maladies en se logeant malicieusement dans nos organes. Les Coréens adorent aussi des dieux locaux ; ils redoutent et vénèrent les dragons (qui sont, comme en Chine, les divinités des eaux), et les esprits des morts : Shin. Mais on aurait tort de réduire la religion nationale des Coréens à ces quelques croyances. Des autels très anciens, situés sur les hauteurs, montrent que les Coréens ont pratiqué depuis des milliers d'années le culte du Ciel, qui est l'origine (ou la corruption ?) de toutes les religions monothéistes. L'Empereur Coréen avait coutume d'offrir deux fois chaque année un sacrifice à Hananim, le Ciel, ou le dieu du Ciel. Les traditions coréennes semble indiquer une connaissance très ancienne de l'astronomie.

Les Coréens ont accueilli le Bouddhisme et le Confucianisme (voir ces mots).

Shintoïsme, pages 9, 102, 206.

Shinto est un mot d'origine chinoise signifiant « le chemin des dieux », et employé au Japon après l'introduction du Bouddhisme, pour désigner et distinguer la religion nationale. Le shintoïsme mêle le culte des forces naturelles à celui des ancêtres et des héros. Le *Kojiki*, écrit en 712 après Jésus-Christ (les Japonais avant l'arrivée des moines bouddhistes de Corée ne connaissaient pas l'écriture) est le plus ancien livre shintoïste et nous expose la théogonie : le dieu Izanagi et la déesse Izanami descendent du ciel pour créer les iles du Japon, et donnent le jour à une multitude de dieux (kami), et entre autres à la déesse du soleil (Amaterasu), de qui descendent les Empereurs du Japon. La visite d'Izanagi au pays de Yomi, où sa femme morte est descendue, a de l'analogie avec le mythe grec d'Orphée. La disparition d'Amaterasu semble une naïve explication des éclipses : en colère, la déesse se cache dans une caverne, et les dieux consternés s'assemblent et dansent pour la décider à sortir. Elle est honorée tout particulièrement à Ise, où se trouvent le miroir sacré, le sabre et la pierre précieuse, ainsi que des gohei (bandelettes de papier enroulées). Le Mikado, descendant de la déesse du Soleil, est d'essence divine.

Ce qui frappe le plus dans le rite shintoïste, c'est la grande importance attribuée à la pureté extérieure. Le sang est une souillure. La naissance, la mort, sont impures. Dans l'île sainte de Miyajima, il ne doit y avoir ni naissance, ni mort. Pour entrer dans les temples il faut être pur. Dans son *Histoire du Japon* (Édit. en français, t. Ier p. 185), Kaempfer raconte : « Il n'est pas « permis aux femmes « d'entrer dans les tem- « ples, lorsqu'elles ont « leurs ordinaires. On « croit que quand elles « vont en pèlerinage à « Isé, leurs ordinaires « cessent entièrement « pendant ce temps-là; et « si cela est vrai, il faut « l'attribuer aux fatigues « d'un voyage si long et « si pénible, ou plutôt au « soin qu'elles prennent « de le cacher de peur « que la peine qu'elles « ont prise et la dépense « qu'elles ont faite ne « deviennent par là inu- « tiles. » On peut rapprocher ces idées sur la pureté de celles exposées dans la loi de Moïse (voir *Lévitique*, ch. XII et XV). Les Japonais considéraient que l'eau purifie, et c'est sans doute à cette croyance que sont dues leurs ablutions fréquentes et leur extrême propreté.

Le bouddhisme, après son établissement au Japon, s'efforça d'assimiler tous les dieux shintoïstes : les « kami » devinrent des gongen (avatars), incarnations du Bouddha ou des différents saints bouddhistes. Le shinto ne fut plus que le Ryobu shinto (voir article Bouddhisme).

En 1870, l'Empereur Mutsu Hito restaura le shintoïsme intégral ; des milliers d'emblèmes et de dieux bouddhistes furent retirés des temples shintoïstes et détruits. Le culte phallique qui avait toujours existé en marge du shintoïsme fut supprimé par égard pour la pudeur des Européens. Mais les temples bouddhistes continuent à attirer de nombreux fidèles, et dans la croyance populaire, les deux religions demeurent enchevêtrées.

Shogun, pages 14, 99, 110, 221.

Les Shogun ont joué au Japon un rôle analogue à celui des maires du palais sous les rois fainéants. Les shogun exerçaient le pouvoir au nom du Mikado, qui le possédait par droit divin.

De 670 à 1050, nous trouvons au Japon la domination d'une famille puissante : les Fujiwara mariaient leurs filles aux Empereurs, et casaient leurs fils dans tous les hauts emplois. Mais aucun Fujiwara ne revendiqua le shogunat. Le titre de Sei-i Taï Shogun, toujours viager, était alors réservé aux généraux vainqueurs des Aïnos, ou ayant soumis quelque province révoltée. Sei-i Taï Shogun signifie : général conquérant des barbares.

Yoritomo (1147 à 1190), de la famille des Minamoto, ayant exterminé le parti rival des Taïra, et établi sa capitale à Kamakura, réorganisa le Japon, en nommant lui-même a côté de chaque gouverneur civil choisi par le Mikado, un gouverneur militaire. En 1192, il obtint de la cour de Kyôto le titre de Sei-i

Taï Shogun. Ses deux fils Yoriie et Sanetomo furent assassinés, et sa lignée s'éteignit.

Le pouvoir fut alors exercé par la famille des Hojo (1205 à 1333). C'est sous leur domination que fut repoussée la flotte Mongole envoyée par Koublaï Khan à la conquête du Japon. Mais les Hojo ne portèrent pas le titre de Shogun ; ils étaient simplement « Régents ».

Ce fut la famille des Ashikaga qui rendit héréditaire le titre de Shogun, qu'elle reprit et conserva, avec l'exercice du pouvoir temporel, de 1333 à 1573. Les Ashikaga eurent une cour très brillante, amie des arts, et s'intéressèrent à l'horticulture et aux jardins. Mais l'arrivée des Portugais en 1542 favorisa une anarchie générale, et Hideyoshi réussit à s'imposer comme un maître aux vassaux révoltés. Ayant conquis le Japon, il lança une expédition en Corée.

Après sa mort, un de ses généraux, Ieyasu Tokugawa brisa à son tour la résistance des seigneurs (daïmio) et se fit donner par le Mikado le titre de Shogun, fondant ainsi une nouvelle dynastie de « maires du palais. »

Les Tokugawa gardèrent le pouvoir de 1603 à 1868. L'arrivée du Commodore Américain Perry en 1854 leur fut aussi fatale que l'avait été aux Ashikaga l'arrivée des Portugais. Le Japon fut rouvert aux étrangers : les shogun supportèrent l'impopularité de cette mesure, et le Mikado Mutsu Hito reprit l'exercice du pouvoir temporel abandonné par ses ancêtres.

Si hou (lac), pages 14, 168, 176, 180, 187.

(Lac de l'Ouest). Situé à l'ouest de Hang-tchéou, dont il vient baigner les remparts, il touche partout ailleurs aux montagnes.

Une des plus jolies vues est obtenue du tertre où s'élève la pagode du pic du tonnerre (Lei-fong t'a). C'est sous ce tertre que la divinité du Lac Si hou (un dragon, comme toutes les divinités chinoises des lacs et des fleuves), fut ensevelie vivante par les incantations d'un moine bouddhiste. Après être demeurée cent ans sous les fondations de l'édifice, la déesse fut enfin délivrée et admise au bonheur suprême du Nirvanah. Cette légende nous montre comment le bouddhisme s'efforça de transformer et d'assimiler les divinités chinoises. (Voir article : Bouddhisme).

Singapour, pages 7, 33.

Situé à la pointe de la presqu'île de Malacca, parmi des îles rocheuses, le port de Singapour est un des plus beaux du monde. La ville a environ cent cinquante mille habitants, dont la majeure partie sont Malais ou Chinois.

Singapour fut occupée par les Anglais en 1819, et achetée par eux en 1824 au sultan de Djohor. C'est la capitale des Etablissements du Détroit. Singapour est un des points du monde où la température est la plus constante : il n'y a qu'un degré de différence entre la moyenne thermométrique de l'été et celle de l'hiver.

Sorinto, page 219.

Le sorinto est une haute flèche en bronze reliée par des barres transversales à quatre piliers bas, également en bronze. Le sommet est doré et garni de clochettes, dont le tintement doit chasser les mauvais esprits. Le sorinto, posé sur un socle en pierre, se trouve dans l'enceinte du temple.

On trouve un sorinto près du temple des Trois Bouddhas (Sambutsu), à Nikko ; et à Kyôto, près du Tai-kyoku Den.

Sou-tchéou, pages 15, 129 à 138, 145.

En 525 avant Jésus-Christ, le prince féodal Ho Lu chargea son premier ministre de trouver l'emplacement d'une capitale. Il choisit dans la région très arrosée de canaux qui s'étend près du Grand Lac (Ta hou), une plaine fertile, parsemée de collines. Une ville fut bâtie : ce fut Sou-tchéou.

Environ quinze cents ans plus tard (en 1127 de notre ère) Sou-tchéou fut presque détruite, puis reconstruite. Sous la domination Mongole (1260-1368) les murs de presque toutes les villes du sud furent laissées à l'abandon, et même on encourageait les gens à y prendre des pierres pour bâtir leurs maisons. Mais les voleurs et les pillards devinrent si nombreux qu'un édit impérial ordonna de refaire les murailles pour assurer la sécurité des habitants. Celles de Sou-tchéou furent rebâties par le seigneur Tchang chi tcheng, qui refusa de reconnaître la suzeraineté des empereurs Ming. Assiégé dans Sou-tchéou et capturé comme rebelle, après avoir énergiquement résisté, la ville fut pillée et démantelée. En 1662, sous le règne de l'Empereur Mandchou K'ang-hi (voir ce nom), les murs furent agrandis et consolidés, et tels ils sont restés jusqu'à nos jours. Mais la ville elle-même a beaucoup souffert lors de la révolte des Taï-ping et de grands espaces sont encore déserts.

Syndicats, page 158.

En Chine, les corporations sont très nombreuses et très puissantes. Il y en a de deux sortes : celles des artisans d'un même métier : Kong-so, et celles des gens originaires d'une même ville ; Houei-kouan. Par exemple, on trouve à Chang-haï le Houei-kouan des gens de Ningpo, le Kong-so des barbiers, des boys, etc.

Ces corporations sont généralement consacrées à une divinité taoïste, et donnent des fêtes en son honneur. Tous les ans, le chef de la corporation vérifie le grand livre de tous les membres commerçants, et prélève environ un cinquième pour mille du montant de leur trafic. Cet argent est destiné à entretenir un lieu de réunion commun aux membres de la corporation, à leur venir en aide s'ils sont malheureux, à les aider pour les funérailles. S'il y a un excédent, la corporation achète des terrains. Son chef la représente officiellement devant les autorités locales. Il a le droit de parler au nom de la corporation ou au nom d'un ou de plusieurs membres sur leur demande. Il tranche les différends, en se faisant assister s'il y a lieu, par les membres les plus honorables.

Certaines familles chinoises très nombreuses sont organisées comme de véritables corporations.

Taoïsme, page 9.

Bien que la religion taoïste semble prolonger des traditions encore plus anciennes, en Chine on considère comme son fondateur Lao tseu, né en 604 avant Jésus-Christ, presque contemporain de Confucius et de Çakya Mouni. On croit que c'est lui qui écrivit le *Tao To King*, livre assez obscur, qui expose un panthéisme voisin de la doctrine brahmanique, et une morale très élevée, ordonnant de récompenser le mal avec le bien. Tao signifie littéralement : la voie ; c'est le Principe d'où tout dérive, la Providence qui contrôle tout. Mais ce n'est là qu'une philosophie. La religion taoïste actuelle considère

Lao tseu comme un Dieu : elle adore sous forme de dieux des phénomènes naturels, des héros, des empereurs chinois. Il y un paradis et un purgatoire (les religions extrême-asiatiques répugnent à l'idée de châtiments éternels). Les esprits nuisibles sont conjurés par des exorcismes. Les prêtres taoïstes semblent s'être adonnés à la pratique des sciences occultes, et de l'alchimie. Ils exercèrent une grande influence sur l'empereur Ts'in Che Houang-ti (celui qui construisit la grande muraille), et sur leurs conseils, ce dernier envoya rechercher dans des îles inconnues la fleur d'immortalité. Au-dessus de la multitude des dieux secondaires, plane ce qu'on appelle la trinité taoïste : le dieu créateur, portant le principe mâle dans ses bras, et le principe femelle sur son dos, a créé l'univers ; le souffle mâle s'éleva et devint le ciel ; le souffle femelle descendit et devint la terre ; et toutes choses existèrent.

Le taoïsme subit l'influence du bouddhisme, qui s'implanta en Chine peu de temps avant l'ère chrétienne. Il lui emprunta sa hiérarchie : un grand prêtre, des monastères d'hommes, des couvents de femmes. Mais le bouddhisme subit également des influences taoïstes qu'il transporta même à travers la Corée jusqu'au Japon.

Tatami, pages 210, 212.

C'est à tort que l'on se représenterait le sol des maisons japonaises sous la forme d'un plancher recouvert de nattes : le sol des appartements japonais est composé de tatami juxtaposés : le tatami est un bloc épais en paille de riz comprimée et de largeur invariable. Au Japon, on évalue les dimensions d'une pièce par le nombre de ses tatami.

Tchaïa, pages 197, 208.

En japonais (maison de thé), de tcha : thé; comparer avec le chinois tch'a, et avec le russe : tchaï.

Tôkyô (*anciennement Yedo*), pages 11, 97 à 101, 110, 205, 214, 225.

Yedo n'était qu'une pauvre bourgade de pêcheurs lorsque Ieyasu, général au service de Hideyoshi, la choisit comme résidence à cause de sa situation stratégique (1590). Lorsque Ieyasu, en 1603, obtint du Mikado le titre de shogun, Yedo se développa rapidement. Le Japon eut alors deux capitales : Kyôto, ville religieuse et résidence de l'Empereur, et Yedo, siège du gouvernement et résidence du shogun.

Lorsque le shogunat fut aboli en 1868 par l'Empereur Mutsu Hito, ce dernier vint résider à Yedo, qui reçut le nom de Tôkyô : « Capitale de l'Est ».

Actuellement Tôkyô couvre une immense étendue : environ deux cent cinquante kilomètres carrés. Elle est dominée par des hauteurs où se trouvent les parcs de Ueno et de Shiba. Une grande partie de la ville est située à un niveau très bas, et facilement inondée, notamment sur les rives de la Sumida.

Torii, pages 206, 207.

Les temples shintoïstes sont précédés d'un portique très simple appelé Torii, et formé de deux poutres horizontales supportées par deux piliers. L'origine du Torii est assez mystérieuse : on suppose que le Torii n'était qu'un perchoir pour les oiseaux sacrés.

Le coq joue un grand rôle dans la légende japonaise.

Tortue, pages 67, 136, 207.

La tortue est, comme la grue ou cigogne, l'emblème de la longévité. Dans la religion taoïste, la tortue symbolise le principe terrestre, et la grue, le principe céleste. Dans les temples taoïstes (en Chine), les inscriptions sont fréquemment gravées sur des tablettes debout sur le dos d'une tortue. Il en est de même au temple de Kameïdo (temple de la tortue), à Tôkyô (voir p. 207). Au Japon, l'emploi de ces emblèmes ne semble pas dû à la tradition nationale, mais à des influences taoïstes. Taoïstes également d'origine sont les dieux Fukurokuju et Jurojin, qui ont comme attributs la tortue et la grue (voir article Benten).

Unkeï, page 108.

Sculpteur japonais de l'Ecole de Nara, fondée par Jocho au xi° siècle. Unkeï est contemporain de Jocho et de Kokeï.

Yang-tseu kiang, pages 7, 53, 54, 170.

Le plus grand fleuve du monde après l'Amazone et le Mississipi. Il a une longueur de cinq mille kilomètres. Prenant sa source dans les hauts plateaux du Thibet, il se jette dans la mer par 31° environ de latitude nord. Son estuaire est divisé en deux bras par l'île Tsong Ming, formée au xiv° siècle par les alluvions du fleuve, et actuellement large de 18 kilomètres et longue de 50 kilomètres. Les navires à vapeur de faible tonnage remontent jusqu'à Han-kéou, à 900 kilomètres de l'embouchure.

Yokohama, pages 8, 90, 91, 95.

N'était encore qu'un village de pêcheurs parmi des lagunes boueuses, lorsqu'en 1854 le Commodore Perry y aborda. Il fut substitué en 1858, par le gouvernement japonais à Kanagawa, qui avait été choisi par les Européens comme port ouvert. Depuis cette date, Yokohama s'est rapidement accru, et à côté de la cité Européenne, la ville japonaise s'est développée.

Mais l'importance commerciale de Yokohama tend à rester stationnaire tandis qu'augmente celle de Kobé et d'Osaka.

Yoshiwara, pages 212 à 214.

Le shogun Yeyasu ayant fait de Yedo (Tôkyô), en 1603, sa capitale, il y vint des gens de toutes les autres villes du Japon, notamment des beautés accueillantes qui avaient quitté, par petits groupes de trois ou quatre, Kyôto, Fushimi, Nara, etc. Mais de la cité de Moto Yoshiwara, il en vint une trentaine, et des plus jolies, et le quartier où elles habitèrent reçut le nom de Yoshiwara.

Lorsqu'en 1617, à l'instigation du réformateur Shogi Jinnemon, la ville fut « purifiée », le quartier où furent exclusivement cantonnés certains plaisirs fut appelé Yoshiwara. Voilà du moins ce que l'on raconte.

Des quartiers analogues existent dans toutes les principales villes japonaises. Lorsque le Gouvernement japonais eût apprécié l'utilité des sciences européennes, et en particulier de la médecine, une visite médicale obligatoire fut instituée (1874).

MAYENNE, IMPRIMERIE CHARLES COLIN

www.ingramcontent.com/pod-product-compliance
Lightning Source LLC
Chambersburg PA
CBHW050317170426
43200CB00009BA/1360